ESTE LIVRO PERTENCE A:

CHAVES PARA DESENVOLVER
INTIMIDADE COM DEUS

DEVOCIONAL
SIMPLIFICANDO O SECRETO

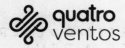

Editora Quatro Ventos
Avenida Pirajussara, 5171
(11) 99232-4832

Diretor executivo: Raphael T. L. Koga
Editora-chefe: Sarah Lucchini
Coordenação do projeto: Dallila Macedo
Manuella Vieira
Equipe de projeto: Ariela Lira
Kristyn Felix
Equipe editorial: Christian Cavalcanti
Mara Eduarda Garro
Paula de Luna
Rafaela Beatriz Santos
Revisão: Eliane Viza B. Barreto
Diagramação: Thalita Vitoria O. Santos
Ilustração: Carolina M. J. Mano
Monique S. Mairins
Capa: Vinícius Lira

Todos os direitos deste livro são reservados pela Editora Quatro Ventos.

Proibida a reprodução por quaisquer meios, salvo em breves citações, com indicação da fonte.

Todas as citações bíblicas e de terceiros foram adaptadas segundo o Acordo Ortográfico da Língua Portuguesa, assinado em 1990, em vigor desde janeiro de 2009.

Todo o conteúdo aqui publicado é de inteira responsabilidade do autor.

Todas as citações bíblicas foram extraídas da Nova Almeida Atualizada, salvo indicação em contrário.

Citações extraídas do site *https://www.bibliaonline.com.br/naa*. Acesso em agosto de 2020.

2ª Edição: dezembro 2020
9ª Reimpressão: março 2025

Ficha catalográfica elaborada por Cibele Maria Dias – CRB 8/9427

Vários autores.

Simplificando o secreto: chaves para desenvolver intimidade com Deus. – São Paulo: Editora Quatro Ventos, 2020.
208 p.

ISBN: 978-65-86261-67-7

1. Deus 2. Devoçao a Deus 3 Literatura devocional 4. Palavra de Deus 5. Vida Cristã

CDD 248.482
CDU 20-43588

SUMÁRIO

INTRODUÇÃO
Propósito do devocional 15
Por que e como usar este devocional? 18
Dicas de como fazer um devocional 20

PARTE 1: INTIMIDADE COM DEUS
DIA 1: Afinal, por que eu fui criada? 27
DIA 2: Perdendo a conexão com Deus.............................31
DIA 3: O sacrifício de Jesus Cristo 35
DIA 4: Reivindicando o lugar secreto 39
DIA 5: Relacionamento com a Trindade 43
DIA 6: A construção do lugar secreto 47
DIA 7: Desenvolva o hábito da leitura bíblica 51
DIA 8: Oração: a base da comunicação 55
DIA 9: Jejum: o caminho para mais intimidade 59
DIA 10: Adoração: em reverência e admiração 63

PARTE 2: A IMPORTÂNCIA DA BÍBLIA
DIA 11: Amor pelas Suas santas palavras 71
DIA 12: Como ler a Bíblia? 75
DIA 13: A Bíblia é a Palavra de Deus! 79
DIA 14: Conhecendo o Antigo Testamento 83
DIA 15: Compreendendo o Novo Testamento 87
DIA 16: A Palavra em nós 91
DIA 17: A Palavra de Deus como nossa oração 95
DIA 18: Aprofunde-se na Palavra 99
DIA 19: A Palavra em nossos dias 103
DIA 20: A importância das declarações 107

PARTE 3: IDENTIDADE EM CRISTO JESUS

DIA 21: A definição de identidade 115
DIA 22: Tesouro em vaso de barro 119
DIA 23: O poema e o Poeta 123
DIA 24: Imagem e semelhança do Criador 127
DIA 25: Deus, o nosso Pai 131
DIA 26: Jesus, o modelo de Filho 135
DIA 27: A liberdade de ser filha 139
DIA 28: Sacerdócio real 143
DIA 29: Verdades de Deus 147
DIA 30: Escrevendo uma história com Deus 151

PARTE 4: CHAMADO E PROPÓSITO

DIA 31: Nascidas para amar a Deus 159
DIA 32: Chamadas para amar 163
DIA 33: Ide: o maior chamado de todos 167
DIA 34: Como servir com os seus dons e talentos 171
DIA 35: *Ekklesia*: chamados para fora 175
DIA 36: Sem pressa para descobrir o seu chamado 179
DIA 37: O que queima em seu coração? 183
DIA 38: Exercendo seu chamado 187
DIA 39: Como exercer seu chamado com ousadia 191
DIA 40: Chamado a longo prazo 195

CONSIDERAÇÕES FINAIS

Apresentação das Autoras

Clara Mendes

é graduanda no curso de Direito e faz parte da liderança sênior do Céu na Terra Movement, uma organização evangelística e interdenominacional. Além de ser uma das coordenadoras do Blooming-NG, que tem como foco capacitar e desenvolver mulheres para seus destinos. Também trabalha na Escola 2414, uma escola de evangelismo e missões. Clara ama viver o Reino de maneira simples e tem um coração que queima pelas Escrituras. Ela tem se posicionado cada vez mais como uma voz nas áreas de santificação, missões e mulheres.

 @clarsmendes

Vitoria Dozzo

é designer de moda e criadora de conteúdo para a *internet*. Iniciou sua jornada no YouTube e nas redes sociais em 2017, profissionalizando-se verdadeiramente no ano seguinte. Após seu encontro real com Jesus, em 2019, tudo mudou, e agora existe um novo propósito por trás de tudo o que posta e entrega aos seus seguidores. Com foco em mulheres e meninas, cheia de bom humor e sinceridade, Vitoria fala sobre autoestima, relacionamentos e como firmar sua identidade em Jesus.

 @vitoriadg

Lissa Subirá

é apaixonada por Jesus e estudante de Teologia no Instituto Cristo para as Nações (Christ for the Nations), em Dallas, nos Estados Unidos. Além disso, ela canta, compõe e escreve. Seus maiores desejos são conhecer mais do Senhor e torná-lO conhecido. Filha de pastores, foi criada com a visão de servir às pessoas!

@lissasubira

Esther Marcos

é cantora e compositora cristã. Sua paixão é ministrar a Palavra de Deus através de músicas e pregações. É influenciadora digital e desenvolve conteúdos em suas redes sociais para orientação e motivação pessoal. Além disso, lidera jovens cristãos em sua igreja local. Algo que Esther ama é falar sobre Jesus.

@esthermarcos

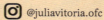
Julia Vitoria

é líder de louvor e adoração, ama criar arte em forma de música, e espera poder alcançar as pessoas e transformar corações através das canções e de quem ela é em Jesus! Iniciou seu ministério em 2017, quando fez as primeiras viagens para ministrar, e, em 2018, começou a gravar suas composições pela Musile Records. Atualmente, mora nos Estados Unidos, mas tem viajado ao Brasil para ministrar louvor e adoração, junto com a Palavra de Deus. Ela ama Jesus e ama as pessoas!

@juliavitoria.ofc

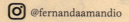
Fernanda Amandio

é uma das líderes sêniores do Céu na Terra Movement, uma organização evangelística e interdenominacional. Além de anunciar Jesus através de pinturas, desenhos, da música e da pregação do Evangelho, seu maior anseio é ver uma geração rendida a Cristo com profunda devoção e fome por mais de Deus. Ela deseja desesperadamente a volta de Jesus, e está trabalhando para que isso aconteça.

@fernandaamandio

Rapha Gonçalves

é líder de adoração no Dunamis Movement, um ministério paraeclesiástico que visa despertar uma geração para estabelecer a cultura do Reino de Deus e transformar sociedades. Formada em Comunicação Social e Cinema, ela ama ver o sobrenatural de Deus acontecer através da sua arte, além de ter o coração voltado para a restauração da presença de Deus na área do Entretenimento no mundo todo. Depois de trabalhar alguns anos no ramo da Comunicação, Deus a chamou para atuar no ministério em tempo integral e cumprir o grande chamado de sua vida: levar poder, verdade e amor por meio de sua adoração.

@raphagoncalves

Lívia Bember

é psicóloga em formação e vice-presidente do Instituto Dara, que tem como objetivo ensinar e orientar crianças em situação de vulnerabilidade social sobre princípios educacionais, espirituais e físicos. Além disso, é missionária e, desde pequena, tem uma paixão por dança, que acredita fielmente ser uma das formas que Deus pode se manifestar. Desde 2014, produz conteúdos no Instagram sobre vida cristã e relacionamentos, atraindo muitas meninas. Seu coração queima por família, pureza e autenticidade.

@liibember

Introdução

INTRODUÇÃO

Propósito do devocional

Por mais custoso que seja admitir, talvez as melhores e mais profundas coisas da vida venham por meio da perseverança. Esperar, permanecer e nos manter cheias de ânimo, mesmo quando não vemos o final dos processos, não recebemos as respostas que gostaríamos ou não enxergamos as circunstâncias ao nosso redor mudarem, é coisa de gente corajosa. Isso, porque, sejamos sinceras, ninguém gosta de esperar. Gostamos mesmo é do que acontece rápido, na hora, depressa. Mas, o problema de quem não espera é que a maioria [para não dizer todos] acaba desistindo logo, e por isso não só nunca se aperfeiçoa na perseverança, como não alcança o que desejava.

Entretanto, é importante lembrar que tudo o que é sólido de verdade só pode ser construído devagar. Ninguém se torna melhor amigo de uma pessoa no mesmo dia em que a conheceu. Uma semente não germina e dá bons frutos dez minutos depois que foi plantada na terra. Uma sinfonia não leva apenas duas horas para ficar pronta. Porque o que é bom e valioso custa caro, leva tempo e requer persistência, constância.

Em nossa vida com Deus é assim também [a diferença é que nunca perdemos quando esperamos n'Ele]. A intimidade com o Senhor custa caro, demanda perseverança, é construída aos poucos, mas oferece o que existe de mais precioso no mundo: o próprio Deus. Por esse motivo, é impossível criarmos um relacionamento genuíno e profundo com Ele, se não O buscarmos, entregarmos o nosso coração verdadeiramente e nos dispusermos, de maneira constante, a ouvi-lO. E, aqui, a perseverança e a constância não são negociáveis. Se desejamos ultrapassar a linha da mediocridade e deixar de apenas conhecer o "Deus" de outras pessoas em vez do nosso Deus, precisamos desenvolver um relacionamento com Ele por nós mesmas. E é por esse motivo que temos de aprender a ser constantes em nosso **secreto** com o Senhor. É quando fazemos o nosso devocional diário — lemos e estudamos a Bíblia, meditamos nela, oramos, adoramos a Deus, ouvimos o que Ele está nos dizendo — que começamos a construir uma jornada consistente com Deus, e isso não é chato ou cansativo, mas muito, muito divertido, leve e prazeroso.

Foi justamente com o intuito de provar a relevância do devocional que o Center for Bible Engagement (Centro de Engajamento Bíblico), uma instituição de pesquisa, entrevistou cerca de 40 mil pessoas com idade entre oito e oitenta anos. Esse estudo mostrou que aqueles que se engajam dois dias por semana mostram sinais de inconstância naquilo que fazem na vida. Entretanto, pessoas que separam cinco dias da semana para ler e meditar na Palavra, buscar ao Senhor e fazer os seus devocionais apresentam 57% menos chances de se tornarem alcoólatras, 68% menos chances de fazerem sexo fora do casamento, 61% de chances mais baixas de se envolverem com pornografia, 74% menos chances de se ligarem a jogos de azar, além de terem 57% menos probabilidade de se deixarem levar por qualquer um desses hábitos. Esses cristãos se mostraram muito mais estruturados, constantes e apresentaram resultados muito superiores em suas vidas como um todo. Outros dados interessantes a respeito desse estudo é que esses mesmos cristãos que se engajaram na intimidade com Deus diariamente apresentaram 228% mais chances de compartilhar sua fé com outros, 231% mais chances de discipular pessoas e 407% mais chances de memorizar as Escrituras.[1]

E foi pensando nisso que criamos este livro-devocional como um instrumento para ajudar você a se aprofundar na sua caminhada com Deus. Através destas páginas, você será instigada e instruída a desenvolver um relacionamento constante e genuíno com Deus, que é a base para uma vida saudável e plena, tanto no espírito como no corpo e alma também. Durante estes 40 dias que estaremos juntas, nós desafiamos você a orar e se posicionar com constância na leitura deste livro e na intimidade com Deus.

Portanto, sem mais desculpas. Deixe a procrastinação de lado e vamos em direção à construção dessa história com o Senhor, que é leve, alegre e cheia de experiências e processos que geram crescimento interno e externo. Lembre-se: este não é apenas um livro para ser lido diariamente, mas uma ferramenta com princípios do Reino e chaves para a transformação do seu coração e mente. E, para começar, você não precisa de muito, apenas diga "sim".

---

[1] COLE, Arnold; OVWIGHO, Pamela Caudill. **Understanding the Bible engagement challenge**: scientific evidence for the power of 4. Estados Unidos: Center for Bible Engagement, 2009, pp. 5-8. Disponível em *https://bttbfiles.com/web/docs/cbe/Scientific_Evidence_for_the_Power_of_4.pdf*. Acesso em agosto de 2020.

Por que e como usar este devocional?

Existe uma geração faminta e sedenta por conhecer a Cristo, que compreende a importância de ser perseverante. Afinal, quem busca encontra; quem bate na porta a verá se abrir; quem pedir receberá (Mateus 7.7-8). Você faz parte dessa onda de pessoas que está procurando respostas e profundidade em Deus, porém, só existe uma forma de isso acontecer: passando tempo com Ele no "**secreto**" — orando e meditando na Palavra. Foi por isso que Jesus, ao instruir a respeito de como devíamos orar, disse para não sermos iguais aos religiosos, que gostam de chamar a atenção para mostrar que são espirituais; pelo contrário, Ele nos ensinou a irmos para o nosso quarto, trancarmos a porta e orarmos ao Pai, que nos vê **em secreto** (Mateus 6.6).

Não existe uma fórmula mágica ou um atalho. Se queremos conhecer a Deus, precisamos nos trancar em nossos quartos, investir tempo e ser constantes nisso. Na caminhada cristã, a busca diária por Deus é uma responsabilidade única e exclusivamente nossa. Não podemos nos apoiar na espiritualidade dos nossos pais, avós, líderes ou amigos.

Infelizmente, muitos pensam que a intimidade com o Senhor é algo pesado, entediante ou maçante, mas apenas aqueles que têm um relacionamento profundo e verdadeiro com Ele sabem a leveza e privilégio que é ter acesso aos segredos do Pai, às experiências sobrenaturais e, principalmente, à Sua presença e ao Seu coração. Somente quando estamos com Ele, somos curadas, confrontadas de verdade, recebemos a nossa identidade e entendemos a razão da nossa existência. E se você não está familiarizada com isso, saiba: nunca é tarde para começar essa jornada de intimidade com Deus. Não importa se você iniciou sua caminhada com Ele hoje ou há muitos anos, sempre existe mais para descobrirmos.

Foi pensando nisso, em ajudar você a desenvolver esse hábito, que este devocional surgiu, com quatro partes principais, contendo 40 dias de reflexões a respeito de intimidade com Deus, importância da Bíblia, identidade, chamado e propósito. Dentro disso, vale mencionar que não existe uma regra ou um jeito certo para usá-lo, mas você pode começar lendo as referências bíblicas-base de cada dia e o conteúdo do devocional. Depois, meditar, fazer a oração no fim de cada página e, em seguida, anotar o que Deus falou com você nesse tempo. É importante lembrar que isso não substitui o seu momento a sós com o Senhor, mas é uma ferramenta para ajudá-la a estar mais perto d'Ele.

Portanto, para iniciar a leitura deste livro da melhor forma, pegue sua Bíblia e um caderno, abra seu coração e seus ouvidos, e ore conosco:

Senhor, encontre em mim um coração puro, sedento e faminto por Ti! Que nos próximos 40 dias, eu receba uma porção fresca de quem Tu és em cada uma destas páginas. Peço também para que essas instruções possam ser ferramentas que auxiliarão no meu processo de aprofundamento na Tua Palavra. Reconheço o Teu grande amor por mim e, hoje, tomo a decisão de não mais negociar ou negligenciar estar em Tua presença.
Em nome de Jesus, amém.

como fazer um devocional.docx

Separamos algumas dicas para auxiliá-la a simplificar os seus momentos no lugar secreto com Deus e ser intencional em seu tempo devocional, mas lembre-se: não são regras ou uma receita, são apenas sugestões para que você possa ir mais profundo em intimidade com o Senhor.

1. Separe um tempo específico

Quando separamos um tempo específico para Deus, todos os dias, estamos realmente dando preeminência para a Sua presença. Diversas vezes, vemos na Bíblia Jesus separando um momento entre Ele e o Pai (Mateus 14.23 e Lucas 5.16).

2. Leia a Bíblia

Esse é um dos pontos cruciais para uma vida cristã saudável e sustentável. Não podemos adorar a Deus sem conhecê-lO, e é por meio da Bíblia que entendemos quem Ele é, Sua vontade e Sua história. Por isso, uma vida com Jesus deve se basear na Palavra (João 5.39).

3. Tenha um plano de leitura bíblica

É muito mais fácil sermos constantes na leitura da Palavra quando já sabemos exatamente o que vamos ler no momento em que abrirmos as Escrituras! Existem planos de leitura da Bíblia inteira em um ano, seis meses ou três meses. Há outros específicos para o Novo Testamento e planos sobre temáticas diversas. Procure um que seja bom para a sua rotina e para a temporada que está vivendo.

4. Faça metas alcançáveis

O servo da Parábola dos Talentos, de Mateus 25.14-29, não se destacou porque fez muito, mas porque foi fiel no que lhe havia sido proposto. Da mesma forma, você não precisa fazer coisas mirabolantes no seu secreto, mas ser constante com o que o Espírito Santo está lhe pedindo. Quando somos fiéis no pouco, aprendemos a ser fiéis no muito. E, assim, vamos aumentando as metas conforme a nossa capacidade.

5. Anote o seu desenvolvimento

Uma dica prática é imprimir um calendário mensal e ir anotando todos os dias em que você cumpriu o seu momento devocional. Desse modo, quando chegar ao final do mês, conseguirá observar seu crescimento e quais dias teve maior dificuldade para completar o seu devocional. Isso tudo, para entender de forma racional em que ponto você está indo bem e quais áreas pode melhorar.

6. Tenha um momento de oração

A oração é um dos pilares da vida cristã, pois é uma forma de comunicação com o nosso Deus, é uma conversa com Ele. Em Lucas 11.1, quando um dos discípulos pede para Jesus: "Senhor, ensina-nos a orar", logo compreendemos a importância dessa ação. Você pode orar o que está em seu coração, o "Pai Nosso", em línguas e, também, pode fazer

como fazer um devocional.docx

da Bíblia a sua oração. Mas, seja como for, ore sem cessar, pois isso aumenta a nossa intimidade com Deus (1 Tessalonicenses 5.17-18).

7. Separe um momento de adoração

Deus ama quando O adoramos por meio de canções, seja um louvor espontâneo que está em nosso coração, cânticos espirituais, entre outros. Por isso, em Salmos 22.3, Davi é muito claro ao dizer que o Senhor habita em nosso meio quando O louvamos. Mas não para por aí. Podemos adorá-lO por com dança, palavras e de quaisquer outras formas práticas de nos conectarmos com a Trindade.

8. Tenha um tempo de meditação

Muitas vezes, vivemos a vida com Jesus de modo automático, apenas agindo sem necessariamente compreender o que estamos fazendo. Por isso, é tão importante, no período de devocional, separarmos um tempo para meditar na Palavra, sermos intencionais em pensar sobre o que Deus está fazendo em nossas vidas e para onde Ele está nos levando. Nesse momento, você não fará nada a não ser refletir, com o auxílio do Espírito Santo, sobre o que vocês, juntos, estão construindo.

como fazer um devocional.docx

9. Tenha um diário

Uma ferramenta assertiva para observar o seu próprio crescimento espiritual é ter um caderno em que você possa escrever suas revelações da Palavra, as músicas que têm ministrado seu coração nesse tempo, os seus medos e sonhos, e aquilo que achar necessário registrar. É uma forma de discernir temporadas e deixar registrado o que Jesus tem falado com você no secreto.

10. Seja livre!

Mais do que fazer algo premeditado ou parte de um *script*, o momento devocional é o tempo para simplesmente ser. É no secreto que aprendemos a nos portar e ser amadas como filhas. Então, apenas deixe o Espírito Santo guiá-la. Dessa forma, você experimentará a liberdade que nos foi dada através de Jesus, porque, afinal, isso é tudo sobre o seu relacionamento com Ele (Gálatas 5.1).

PARTE I

Intimidade com Deus

intimidade

DIA 1
Afinal, por que eu fui criada?

por Clara Mendes

Leia: Gênesis 3.8 e Isaías 43.6-7

Por muito tempo, como filha de Deus, fui incomodada por um forte senso de sobrevivência. Miseravelmente, acreditei que havia sido criada para cumprir ciclos intermináveis de realizações: plano de carreira, sonhos familiares, liturgias religiosas, e ainda suprir a expectativa que os outros tinham sobre mim. Na minha forma de pensar, todos esses grandes planos precisavam ser concretizados, até porque as demandas sempre existiriam, e eu estava ali apenas para cumpri-las.

Assim, Deus Se tornou um meio para que eu chegasse ao meu destino. Buscava me relacionar com Ele através de uma barganha, tentando conquistá-lO à medida que concluía os afazeres. Até que o vazio se fez presente e as demandas cumpridas não supriam a razão da minha existência, não importava quão grandes fossem meus feitos, ainda que eu produzisse coisas lícitas aos olhos de Deus.

Foi quando entendi que a melhor forma de entender o propósito da criação é através do quanto conhecemos o Criador, e não do quanto realizamos tarefas. Nada do que nós fizermos preencherá as lacunas do nosso ser, pois jamais encontraremos o "porquê" de existirmos olhando para nós mesmos ou para nossas obras.

Isso, porque, quando fomos criados à imagem e semelhança de Deus (Gênesis 1.27), Ele apontou para um plano maior: nos criou para Sua glória, como diz a própria Bíblia: "A quem criei para a minha glória, a quem formei e fiz" (Isaías 43.7). Sendo assim, Ele derrama Sua glória sobre a criação para sermos satisfeitos n'Ele, pois, como aponta John Piper, pastor e escritor estadunidense: "Este é o firme alicerce da busca pelo prazer cristão: Deus é mais glorificado em nós quando estamos mais satisfeitos n'Ele".[1]

Ou seja, Deus coloca "no coração do homem o anseio pela eternidade" (Eclesiastes 3.11). E este é um desejo que transcende a nossa realidade. Nada neste mundo é capaz de satisfazer o coração humano. Viver longe do principal propósito da criação nos leva à profunda frustração, desespero e insatisfação. Uma vez que fomos gerados n'Ele, por Ele e para Ele, como poderíamos suportar viver sem comunhão com Ele?

Portanto, de nada valerá a conquista do diploma que tanto almejamos, a realização de grandes sonhos ou o sucesso ministerial sem viver uma comunhão com Ele em primeiro lugar, pois foi para isso que você foi criado. Então, a motivação correta para viver glorificando a Deus só pode ser encontrada na intimidade com Ele. Tudo flui da comunhão.

Anotações

Deus, eu não fui criada para fazer algo, mas para Te conhecer. Minha vida tem um propósito. Não me deixe apenas sobreviver neste mundo, eu desejo viver de verdade através da comunhão com o Senhor. Que a busca por Te conhecer e ser satisfeita em Ti não seja uma rotina automática, mas novidade de vida. Que isso seja a melhor parte do meu dia a dia. Sendo o Senhor a razão da minha existência, estou certa de que nunca será demais Te desejar.

Amém.

intimidade

DIA 2
Perdendo a conexão com Deus

por Clara Mendes

Leia: Efésios 2.1-10

Os efeitos da queda de Adão e Eva são enormes. No momento em que eles desobedeceram a Deus no Jardim do Éden e "os olhos de ambos se abriram" (Gênesis 3.7), o pecado penetrou a humanidade e a imagem e semelhança de Deus foi distorcida. O homem encontrou-se morto em suas transgressões, escravo das vontades da carne, e sua tendência para buscar a Deus e amá-lO foi trocada pela inclinação ao pecado (Romanos 3.10-13).

Dessa forma, a conexão perfeita entre Deus e Sua criação foi destruída. Um abismo surgiu no lugar da plena comunhão, e o coração humano passou a sentir um vazio e a clamar por socorro, porque abriu mão da razão de sua existência. Toda a humanidade foi afetada por tamanho estrago. Ainda assim, tendemos a acreditar que nossas próprias forças são capazes de sarar nossas dores — através de atitudes como ser uma boa filha, uma boa estudante, amar a todos, ajudar os necessitados, entre outras funções que temos para cumprir. Contudo, seríamos "boas" praticando o bem através da obediência aos princípios comuns?

Na verdade, não! É um fracasso tentar ser justa diante de Deus com nosso desempenho pessoal. Sendo sincera, quando me vi dominada pelo pecado e suas consequências, inconscientemente tentei me justificar. Busquei ser aceita pela minha boa conduta e por minhas obras, mas a guerra contra o pecado continuava dentro de mim, o domínio da iniquidade em meu coração me aprisionava. Descobri que, mesmo sendo "boazinha" para o mundo, estava condenada perante Deus (João 3.18).

É por isso que não podemos celebrar plenamente a boa notícia do Evangelho até que enxerguemos nele nossa necessidade. Ser consciente sobre nossa condição de dependência de Cristo aumenta nossa perspectiva sobre a graça. O contraste das Boas Novas com a má notícia de que estaríamos fadados à morte eterna nos constrange. Afinal, quem você era antes de ser alcançada por Cristo? Quão perdoada você foi? Nessa perspectiva, consegue dimensionar ainda mais o efeito da cruz?

O sacrifício perfeito foi consumado para remir toda maldade (Romanos 5.8). Por nós mesmas, nunca consertaríamos essa bagunça, mas em Jesus toda desordem é resolvida (Colossenses 3.13). Sua graça supera a corrupção, pois, onde abundou o pecado, superabundou a graça de Deus. Quando essa revelação caiu sobre mim, entendi que, apesar de quem sou, fui salva.

Anotações

Senhor, não me deixes esquecer que um dia fui salva e perdoada. Na miséria, trouxe-me a riqueza da Tua graça. Na escravidão, levou-me à liberdade. Na orfandade, revelou-me paternidade. Eu não posso ignorar a escuridão da qual fui resgatada, a salvação precisa continuar sendo uma boa notícia. De fato, nunca serei capaz de merecer Teu amor. Que transborde em mim a alegria da salvação.

Em nome de Jesus,

Amém.

intimidade

DIA 3
O sacrifício de Jesus Cristo

por Clara Mendes

Leia: Mateus 27.32-44

Em diversos momentos da vida, escondi-me da presença de Deus por conta da culpa do pecado. Por muito tempo, tentei compensar as quedas, lutando para ser aceita por Ele por meio dos meus acertos. Em razão disso, aos poucos, passei a acreditar que havia deixado de ser amada por Deus, e por crer nessas mentiras, a minha fé sempre acabava abalada pela falta de entendimento sobre o sacrifício de Jesus.

Desde o momento em que Adão e Eva pecaram, a humanidade foi consumida pelo desejo de ser aceita, até que o Verbo Se fez carne e carregou o pecado de todos nós. A Sua comunhão com o Pai foi brevemente interrompida da forma mais dolorosa: "Deus meu, Deus meu, por que me desamparaste?" (Mateus 27.46), para que eternamente pudéssemos, aos olhos do Senhor, ser declarados justos e ter acesso a Ele e ao Seu Reino.

Não podemos minimizar o poder do sacrifício de Jesus, pois Ele pagou por nossos pecados na cruz, que é suficiente. Isso significa que Deus não entra em greve espiritual quando pecamos. Isso mesmo, Ele não está esperando suas boas realizações para perdoar você, nem aguarda uma conduta infalível para amá-la, ainda que o Senhor espere de nós um posicionamento radical contra o pecado. Portanto, aproxime-se do Trono

da Graça com ousadia (Hebreus 4.16), até porque somente quando estivermos em comunhão com Ele seremos transformadas e caminharemos com a certeza de que não há condenação para os que estão em Cristo Jesus (Romanos 8.1).

Em seu livro, *O evangelho para a vida real*, Jerry Bridges esclarece que:

> *Sabemos que pecamos continuamente, e, por vezes, a dolorosa consciência do nosso pecado quase nos esmaga. Nesses momentos, ainda estamos propensos a ver Deus como o nosso juiz que impõe justiça absoluta. Falhamos em entender, por meio da fé, o fato de que Jesus Cristo satisfez totalmente a justiça de Deus por nós.*[2]

Jesus pagou um alto preço pelos nossos pecados e nos deixou o exemplo para que, assim, nós também nos separássemos das coisas deste mundo. Ele foi obediente à vontade do Pai para que o Senhor nos enxergasse através da cruz.

Anotações

_____
_____
_____
_____
_____
_____
_____
_____
_____
_____
_____
_____
_____
_____
_____
_____
_____
_____

Deus, eu me rendo de uma vez por todas ao Senhor e declaro que sou aceita por Ti. Nesse lugar de rendição é onde encontro graça, é onde tudo o que me separava de Ti se torna um lembrete de que, pelo poder do sacrifício de Jesus, posso me aproximar do Senhor. A obra de Cristo na cruz me salvou e está me aperfeiçoando. Perdoe os meus pecados. Obrigada, Deus, porque sou plenamente amada pelo Teu Filho.

Em nome de Jesus,

Amém.

intimidade

DIA 4
Reivindicando o lugar secreto

por Clara Mendes

Leia: Marcos 14.1-9

O despertador toca; mais um dia se inicia, e a responsabilidade nos chama à ação. Alguns dias são mais desgastantes, outros mais leves. Seja como for, todos eles estão contados e escritos pelo Senhor (Salmos 139.16). Mas tantas coisas acontecem ao mesmo tempo que, muitas vezes, temos a sensação de que a vida está escorrendo por entre nossos dedos. Então, eu lhe pergunto: o que realmente importa?

Viver a eternidade no presente é o mais importante. Para isso, precisamos conhecer Aquele que nos amou desde o princípio (João 3.16) e entender que há uma razão para a nossa existência que ultrapassa a realidade de nosso dia a dia, cheia de afazeres, metas de estudo e trabalho, e até mesmo nossos grandes objetivos de vida.

A verdade, porém, é que não precisamos viver aqui à espera do Céu — onde há ruas de ouro e a dor não existe. Podemos viver de acordo com a realidade celestial e eterna agora mesmo. Tudo começa a partir do momento em que conhecemos Jesus, pois assim está escrito em João 14.6, que Ele é o caminho, a verdade e a vida; Quem nos leva ao Pai. Portanto, nosso coração precisa estar sempre sedento por Ele, e essa paixão tem de consumir as entranhas do nosso ser.

Repare na atitude de Maria[3] ao derramar o nardo aos pés de Jesus. Em vez de simplesmente abri-lo, ela o quebrou, entregando-Lhe tudo. Sua paixão pelo Senhor foi maior do que todas as críticas ou opiniões alheias, pois ela tinha entendido a necessidade de materializar seu amor, sua paixão.

É fato que o Amado de nossas almas conhece nosso coração muito melhor do que nós mesmas, e Ele vê o que está dentro de nós quando quebramos um frasco de perfume e Lhe entregamos tudo o que temos. Precisamos então buscar conhecê-lO como somos conhecidas por Ele, assim, cada vez mais nosso coração irá desfalecer de amor.

Se algo neste mundo tem roubado sua atenção e até mesmo sua devoção, Cristo, com todo amor, reivindica o primeiro lugar em seu coração (Marcos 12.33). Ele deve ser o protagonista de sua vida, o principal, ninguém mais pode tomar esse lugar. Por fim, você descobrirá que, além do seu desejo de amar a Jesus, encontra-se a verdade de que você é amada por Ele. Maria colocou-se aos pés do Senhor, pois havia recebido Seu amor. Igualmente, precisamos entender que a fonte de nosso amor a Cristo está n'Ele mesmo.

Sobre a paixão por Jesus, veja o que a Madre Teresa escreveu:

> *Faminto de amor / Ele olha pra você / Com sede de bondade / Ele implora a você / Nu por lealdade / Ele tem esperança em você / Doente e aprisionado por amizade / Ele quer mais de você / Procurando abrigo no seu coração / Ele pede a você; Você será tudo isso para Ele?*[4]

Anotações

Jesus, pedimos que o Senhor restaure nossa paixão. Perdoe-nos pela falta de devoção a Ti. Que buscar a Tua presença e Te conhecer não seja uma rotina, mas sempre uma novidade. Colocamos nossas distrações e pecados diante de Ti, para que sejam estraçalhados. Sabemos que a plena satisfação está no Senhor. Quebranta-nos perante quem Tu és. Faça renascer nossa paixão por Ti, assim como o amor e o temor. Cremos que Te desejar e amar nunca será demais.

Em nome de Jesus,

Amém.

intimidade

DIA 5
Relacionamento com a Trindade

por Clara Mendes

Leia: João 15.26-27; 1 João 1.3 e 1 João 4.13

A compreensão da Trindade — Deus Pai, Filho e Espírito Santo — é inconscientemente esquecida por muitos durante sua jornada cristã. Contudo, à medida que conhecemos e nos relacionamos com cada um, recebemos novas revelações acerca de Sua identidade e caráter. Os três estão intimamente ligados, pois são um só Deus, ainda que Suas características e formas de atuação sejam diferentes.

A partir do momento em que nos relacionamos com cada um d'Eles, passamos a compreender o quanto é essencial nos aprofundarmos nessa revelação de quem é cada Pessoa da Trindade. É por isso que em João está escrito: "A vida eterna é esta: que conheçam a ti, o único Deus verdadeiro, e a Jesus Cristo, a quem enviaste" (João 17.3). Além disso, no livro *Pai, Filho e Espírito*, podemos encontrar o seguinte complemento: "[...] portanto a vida eterna consiste em partilhar do transbordamento gracioso do amor eterno do Pai pelo Filho no Espírito".[5]

Desde o início, Deus, Jesus e o Espírito Santo estavam presentes, de tal maneira que a Bíblia nos revela que: "O Espírito de Deus pairava por sobre as águas" (Gênesis 1.2b - ARA). Nesse processo, Jesus operava como Verbo diretamente na Criação: "No princípio era o Verbo, e o Verbo estava com

Deus, e o Verbo era Deus. Ele estava no princípio com Deus. Todas as coisas foram feitas por ele, e sem ele nada do que foi feito se fez" (João 1.1-3). Durante a criação do Homem, Eles estavam ali: "E disse Deus: **façamos** o homem à **nossa** imagem, conforme a nossa **semelhança**" (Gênesis 1.26 — grifo da autora).

A intervenção direta da Trindade também está no plano da redenção, já que Deus enviou o Seu Filho unigênito para nos salvar (João 3.16). Jesus Se entregou como sacrifício por nós e, quando você recebeu o Novo Nascimento e o arrependimento inundou o seu coração, o Espírito Santo lhe trouxe convencimento — bem como todas as vezes em que nos arrependemos dos nossos pecados — (João 16.8). É um único Deus que se manifesta em três Pessoas.

De fato, a Trindade é um grande mistério por Sua complexidade, porém ela é real e confirmada à medida que nos relacionamos com Deus — em oração e leitura bíblica. A Trindade está em ação, e conhecer a Deus nessa dimensão de Sua natureza é um privilégio, pois somos convidados a ter comunhão tanto com o Pai quanto com Filho e o Espírito Santo.

Anotações

Deus Pai, Deus Filho e Deus Espírito Santo, levem-me a um relacionamento profundo com cada uma das Pessoas da Trindade. Não permitam que eu me contente em conhecer Deus em parte, desejo experimentar a Trindade totalmente, sem colocar o Senhor dentro de uma caixa, limitando quem Tu és. Ensina-me a ir além.

Em nome de Jesus,

Amém.

intimidade

DIA 6
A construção do lugar secreto

por Lívia Bember
Leia: Mateus 6.5-8

Lembro-me de quando comecei a entender a importância do lugar secreto. Eu tinha quatorze anos e queria conhecer melhor a Deus. Na época, não entendia muita coisa sobre o que eu deveria fazer e sobre como buscá-lO com mais apreço, mas me recordo de ter uma vontade no peito de me aprofundar e entender mais. Eu era uma menina muito intensa e cheia de questionamentos, até que fechar a porta do quarto me levou a compreender um pouco da imensidão de quem Deus é. No começo, eu tinha vergonha de falar, então pegava meu celular e escrevia mensagens para Jesus — era a minha forma de me expressar. Com o tempo, fui me sentindo livre, inclusive, de mim mesma. Pegava meu computador, colocava uma música no YouTube, me sentava com as pernas cruzadas no tapete e fluía em oração.

Conforme os anos foram passando, minha rotina de oração se tornou inconstante. Percebi que era completamente fundamentada nos meus sentimentos e vontades. Se eu estava com desejo de orar, eu ia. Se estava precisando de consolo, corria pro secreto. Quando eu não estava com vontade, simplesmente seguia meu dia como se Ele não existisse e, quando errava, não me sentia digna de estar com Deus, então me afastava. Dessa forma, me enxergava suja e pequena demais para me relacionar com Alguém tão bom, doce, gentil e manso. E assim foi, em um ciclo sem fim.

Entretanto, minha constância no secreto foi destravada quando olhei para a história de Oseias e Gômer — que é a perfeita metáfora do amor de Deus para com seu povo infiel. (Se você não conhece a história, corra para o livro de Oseias. Tenho certeza de que Deus vai falar ao seu coração).

Em resumo, Deus pediu para que Oseias se casasse com uma mulher prostituta. Ele obedeceu e se casou com Gômer, que era infiel e adúltera. Ao ler a história, no rodapé da minha Bíblia, estava o significado do nome "Gômer": completa. Essa palavra ecoou na minha mente por dias, porque, na minha perspectiva, se tinha algo que Gômer não era, era completa. No decorrer da leitura, notei que as minhas atitudes para com Deus não eram muito diferentes das atitudes dessa mulher para com Oseias, tampouco diferentes do povo infiel. Meu coração era dividido e seduzido, tinha adotado costumes pagãos para me aproximar do Senhor. Eu repetia os erros dos meus antepassados, também era infiel e trocava o amor d'Ele por outros amores. Diversas e diversas vezes.

Mas, embora Deus soubesse que éramos infiéis antes mesmo de nascermos, enviou seu filho Jesus para morrer por nós antes que fôssemos capazes de fazer algo por Ele. Isso, porque Ele nos ama "apesar de"; enquanto somos infiéis, Ele permanece fiel.

Com essa história, aprendi que, para construir meu lugar secreto com Deus, preciso reconhecer, primeiro, minha humanidade, admitir minhas falhas e entender quão pequena sou. É necessário entender que meu esforço não conquista Deus, Ele já me amava antes mesmo que eu pudesse amá-lO. Do mesmo

intimidade

modo, Gômer, pela perspectiva de Deus, já era completa (leia o final da história), pois não era definida pelo que fazia, mas pelo nome que Ele escolheu para ela.

Diante disso, entenda: você não é o seu pecado, não é o que faz ou deixa de fazer, mas, sim, quem Deus fez você para ser: livre. Livre para construir seu relacionamento com Ele no secreto além dos seus erros, falhas, medos e acertos. Esse lugar está disponível, porque você é querida e amada — mesmo sendo infiel, é desejada por Ele. Por isso, vá até lá, independentemente da sua vontade de orar, de ler, de estar no secreto. Escolha isso, não importa o que esteja sentindo no momento. Feche a porta do seu quarto e permita-se ser amada.

> **Apesar de tudo**, decidi trazê-la para mim; eis que vou levá-la para o deserto e lá, a sós, falarei ao seu coração. Ali Eu lhe restituirei as suas vinhas e transformarei o vale de Acor numa porta de esperança. Ali ela haverá de conversar comigo como nos dias da sua tenra idade, como no dia em que deixou o Egito. "Naquele dia", assegura Yahweh, "Tu me chamarás 'meu marido', e não mais dirás 'Baal, meu senhor'"! (Oseias 2.14-16 – KJA – grifo da autora)

Anotações

_____
_____
_____
_____

Deus, reconheço que sou pequena e falha. Eu não quero mais que minha inconstância me impeça de estar Contigo; de falar, de Te ouvir, de ler sobre Ti. Sei que sou amada "apesar de", e hoje escolho permanecer. Escolho estar Contigo além das minhas vontades e desejos. Escolho porque sei que Tu és o melhor para mim. Estar Contigo um dia vale mais do que mil em outro lugar (Salmos 84.10). Que eu possa aprender a desfrutar desse amor tão imenso e puro do Senhor, que me escolheu.

Amém!

intimidade

DIA 7
Desenvolva o hábito da leitura bíblica

por Lívia Bember

Leia: Mateus 4.4 e Tiago 1.22

Perdi as contas de quantas vezes o medo e a ansiedade me dominaram e governaram o meu modo de agir e de ver as circunstâncias à minha volta. Percebi que é impossível olhar para o medo e para Jesus ao mesmo tempo. Se eu foco em um, o outro é ofuscado. Entretanto, lendo a Bíblia, deparei-me com um Deus que acalmou a tempestade no mar e que ainda faz a mesma coisa em meu coração. Curioso, não é?

Além disso, encontrei inúmeras histórias que mostram como Ele foi fiel, cuidadoso e justo. Como exemplo, tem a vida de José, que passou por várias situações adversas, mas que, no final, seu problema resultou em seu propósito. José foi jogado em um poço por seus irmãos, foi vendido como escravo, maltratado, enganado e muito mais. Ele chegou ao Egito sendo um ninguém, de mãos vazias, mas, no fim de sua história, vemos a fidelidade do Senhor.

Vocês planejaram o mal contra mim, mas Deus o tornou em bem, para que hoje fosse preservada a vida de muitos. (Gênesis 50.20 - NVI)

José não apenas sobreviveu, como também prosperou: foi de escravo para o segundo homem mais importante do Egito. Certamente, não foi uma jornada fácil, foi dolorido, mas Deus transformou todo o caos em algo bom. Ao ler essa história, percebo que tudo aquilo que poderia torná-lo amargo fez dele mais forte e o levou para o destino que o Senhor havia traçado para ele. Da mesma maneira, percebo que determinados momentos da minha vida são como os de José, e carrego no peito a certeza de que Deus é o mesmo ontem e hoje, e age em minha história da mesma maneira.

Igualmente, identifico-me com Davi, cheio de falhas, mas que, ainda assim, foi um homem segundo o coração de Deus. Também me reconheço na história de Gideão, cheio de medos, inseguro, que não se achava capaz e acreditava ser o menor de sua família, mas o Senhor o usou mesmo assim e o capacitou para libertar seu povo. Por fim, também me enxergo em Pedro, o discípulo. Impulsivo, intenso, mas, ainda assim, levou muita gente à salvação.

Portanto, ler a Bíblia nos revela muito sobre quem é Deus e como age, assegurando-nos de que Ele é o mesmo ontem, hoje e amanhã. A Palavra nos direciona, alcança-nos e, muitas vezes, aconchega-nos, revelando que o Senhor escolheu e usou pessoas falhas, pequenas, medrosas e inseguras para fazer história, libertar povos e mudar destinos. E Ele pode nos usar também! Deus é capaz de acalmar sua tempestade, cuidar do seu coração, transformar o seu problema em propósito e agir em você e através de você. Como diz 2 Timóteo 3.16-17:

> *Toda a Escritura é inspirada por Deus e útil para o ensino, para a repreensão, para a correção, para a educação na justiça, a fim de que o servo de Deus seja perfeito e perfeitamente habilitado para toda boa obra.*

intimidade

A Palavra nos coloca no lugar. Como a famosa frase diz: "Eu sou quem a Bíblia diz que sou; eu tenho o que a Bíblia diz que tenho; e posso aquilo que a Bíblia diz que posso". Por isso, criar o hábito de ler a Palavra nos transforma para que possamos também transformar.

Anotações

_____
_____
_____
_____
_____
_____
_____
_____

Pai, muitas vezes eu me sinto incapaz, insegura, medrosa e até ansiosa. Nessas horas, saber quem Tu és e conhecer Teu poder mudam minha perspectiva. Ensina-me a ser disciplinada com a leitura bíblica, pois ela me ajuda a conhecer mais Teu coração e Tua mente, mostrando-me o que preciso melhorar para ser mais parecida com Cristo. Eu não quero viver como se Tua Palavra não existisse. Obrigada pelas Escrituras e por Teu amor. Em nome de Jesus,

Amém.

intimidade

DIA 8
Oração: a base da comunicação

Livia Bezerra
Leia: Lucas 11.9-13

Por crescer em um lar cristão e ir à igreja semanalmente, eu sabia qual era a importância de orar. A questão é que durante todos os anos de Escola Bíblica Dominical, cultos e até acampamentos que fui na adolescência, eu aprendi mais sobre oração do que realmente orei.

Eu não tinha intimidade com Deus, por mais que falasse e escrevesse sobre Ele. Só aparecia para orar quando achava necessário, se estivesse precisando de algo ou até quando estava me sentindo culpada. A independência e a autossuficiência sempre tentavam aparecer para governar a minha vida, mas quando comecei a orar, tanto elas quanto o meu ego passaram a perder força.

Estamos acostumadas a lutar por nossa independência, a vencer por meio dos nossos esforços, mas esquecemos que é através da oração que demonstramos dependência de Deus, percebendo, assim, o quanto é impossível construir algo sozinha. Se você for como eu, que gosta de tudo sob controle, às vezes, isso pode ser irritante. Bill Hybels, autor do livro *Ocupado demais para deixar de orar*[6], escreve que a oração: "Trata-se de um ataque à autonomia humana, uma crítica ao modo de vida autossuficiente". É impressionante como isso é verdade.

Há um tempo, ganhei esse livro da minha mãe, e ao lê-lo passei a compreender mais sobre oração. Comecei a sentir o

Espírito Santo me chamando para orar mais e passei a vivenciar coisas incríveis, mas a melhor parte foi não ter mais de conviver com a bagunça da minha autossuficiência. A oração me colocou no lugar de dependência. Eu só me permiti entregar o controle para Quem realmente sabe o que é bom para mim.

É impressionante o quanto somos curadas, recebemos paz e ajuda para lidar com as dificuldades e o quanto a nossa perspectiva muda quando oramos. Deus se manifesta, nos dá sabedoria, coragem, perseverança, mudança de atitude e até mesmo nos usa para curar.

Hoje, compreendo que nada se compara à busca por conhecer mais o coração de Deus, por estar mais perto e ser preenchida por esse amor tão profundo, que nos satisfaz, impulsiona e alinha a nossa vida. Posso dizer, sem sombra de dúvidas, que a melhor parte da oração não são as respostas nem os milagres, mas o relacionamento de qualidade com Deus.

Anotações

Deus, a minha inconstância em oração gera um sentimento de culpa, logo, sinto vergonha e deixo de orar. Mas não quero que minha vida seja governada pela autoconfiança. Somente o Senhor sabe o que realmente é melhor para mim. Por favor, quebranta o meu coração, e a partir de hoje eu decido me disciplinar em oração, porque preciso ficar perto de Ti. Obrigada por sempre estar de braços abertos.

Em nome de Jesus,

Amém.

intimidade

DIA 9
Jejum: o caminho para mais intimidade

por Lívia Bember

Leia: Mateus 4.2 e 1 Coríntios 9.25-27

Você acredita que, se orar duas vezes por dia, todos os dias, e jejuar quarenta dias pedindo por uma bolsa de estudo em uma faculdade, poderá ter mais chance de ser respondida do que se orar uma vez e jejuar dois dias?

Esse pensamento de que, se eu fizer mais, terei uma chance maior de resposta ficou fundamentado em minha mente e em meu coração durante grande parte da minha jornada cristã. O problema desse ponto de vista é que ele é embasado no mérito: em torno do que eu e você podemos fazer.

Mas isso não é o Evangelho. Deus nos amou muito antes que pudéssemos fazer algo por Ele ou, até mesmo, que fôssemos capazes de amá-lO. Então, como podemos acreditar na mentira de que precisamos fazer algo para conquistar esse amor se ele já nos foi dado antes mesmo de nascermos? Nós só conseguimos amá-lO porque Ele escolheu nos amar primeiro (cf. 1 João 4.19).

Quando compreendi o verdadeiro significado do jejum, minha visão embaçada clareou — não é para conseguir coisas, *status*, relacionamentos e muito menos conquistar a Deus, e, sim, para que fiquemos mais sensíveis, mais perto e mais íntimas d'Ele. Como disse Davi: "Para mim, bom é estar perto de Deus [...]" (Salmos 73.28).

Eu era muito dominada pelo açúcar. Nunca consegui cumprir um jejum de 21 ou 40 dias consecutivos quando precisava me abster de doce. Foi então que enxerguei o quanto eu precisava de autocontrole. Percebi que essa compulsão se refletia em outras áreas da minha vida.

Assim, se quisesse viver uma vida saudável, teria de me posicionar. Foi quando decidi não comer doce até me casar. Já falhei algumas vezes, mas, hoje, consigo ver o quanto eu era dominada e precisava entregar algo que tomava um lugar errado em minha vida.

O jejum deixa em segundo plano as nossas vontades para que possamos estar mais sensíveis para compreender a vontade de Deus. Através dele, nossa carne é massacrada, pois deixamos algo que consideramos essencial e valoroso para nós como se estivéssemos dizendo: "O Senhor é mais importante" ou "estar sensível para ouvi-lO é mais importante que minha própria vida, meus desejos e anseios".

O jejum bíblico está sempre relacionado à abstenção de alimentos, mas nada impede de fazermos propósitos específicos com Deus, que é quando renunciamos coisas que têm tomado nosso tempo ou nos governado, como mexer no celular, por exemplo. Através disso, aprendemos a colocar Deus acima das nossas necessidades e vontades.

A respeito disso, Kenneth Hagin diz:

> *O jejum não muda Deus. Ele é o mesmo antes, durante e depois de seu jejum. Mas jejuar mudará você. Vai ajudá-lo a manter-se mais suscetível ao Espírito de Deus.*[7]

Anotações

Deus, o meu coração anseia por estar mais perto de Ti. Minha carne, muitas vezes, grita para eu supri-la e Te colocar em segundo plano. Mas quero que o Senhor seja meu refúgio quando estou ansiosa, com medo e, até mesmo, cheia de alegria. Anseio por colocar minhas necessidades e vontades de lado para estar mais sensível a Ti. Peço que me instigues mais a jejuar e orar, não para conquistar algo ou o Teu amor, mas simplesmente para me tornar mais íntima do Senhor.

Em nome de Jesus,

Amém.

intimidade

DIA 10
Adoração: em reverência e admiração

por Lívia Bember

Leia: Apocalipse 4.11; Salmos 95.6 e Isaías 6.1-8

Apesar de ter nascido em um lar cristão, passei dezenove anos da minha vida dentro da igreja sem conhecer plenamente a Trindade. Ao entrar na faculdade, envolvi-me em um pequeno grupo que abriu os meus olhos para conhecer mais a Deus, Jesus e o Espírito Santo. Após viver coisas incríveis em Sua presença, eu não conseguia mais me contentar em viver como se o Espírito Santo não existisse.

Depois disso, passei a orar com alguns amigos para que minha igreja e as pessoas próximas de mim sentissem e conhecessem verdadeiramente o Espírito Santo.

Eu me lembro do dia em que estava ministrando em minha igreja local através da dança. Estávamos fazendo uma campanha de quarenta dias de jejum e oração pelo avivamento no Brasil. Enquanto dançava, fechei os meus olhos, vi um clarão e decidi não me conter ou reprimir o agir do Espírito Santo. Minhas mãos queimavam, meu coração palpitava e meu corpo já não "suportava" mais tanto amor e tanta presença de Deus. Naquele dia, eu aprendi mais sobre adoração.

Por alguns minutos, esqueci que havia uma igreja olhando para mim, me esqueci daquilo que me preocupava, e só uma coisa importava: estar dançando com Ele. A presença de Deus veio naturalmente, e foi tocando cada pessoa que estava no culto de uma maneira extraordinária. Quando abri os olhos, só conseguia rir e celebrar: a minha igreja tinha tido um encontro com o Espírito Santo. Ele havia respondido às minhas orações e à minha adoração. Aqueles que duvidavam do toque sobrenatural puderam experimentá-lo. Era impossível ficar apático.

Terminamos o culto horas depois do habitual, com todos pedindo por mais de Deus. Sinto que, naquele dia, aprendi verdadeiramente o que era adorar. A igreja nunca mais foi a mesma, e muito menos eu. Ali, entendi que adoração é uma entrega de corpo, alma e espírito; uma rendição completa do nosso coração diante da majestade, santidade e beleza de Deus. É uma expressão de afeto, de carinho, admiração e reverência.

Notei que, quando passava tempo com Deus em meu quarto, sem adorá-lO, não era tão intenso e profundo como quando dançava e fluía em Sua presença. Quando danço, sinto todo o meu ser se enchendo e transbordando de amor. Recordo-me de inúmeras vezes ser curada de traumas, medos e anseios enquanto dançava e orava. A adoração é uma forma de dizer: "Deus, eu Te admiro, reverencio e me entrego completamente a Ti. Não só minha alma e meu espírito reverenciam ao Senhor, mas o meu corpo também".

Existe uma maneira da qual você se sente mais conectada com Deus? A adoração não se limita à dança, é muito mais abrangente do que imaginamos. Eu desafio você a terminar este devocional, entrar no seu quarto e adorá-lO da sua maneira autêntica.

Anotações

Deus, quero aprender a Te reverenciar e admirar na totalidade. Quero entregar cem por cento da minha alma, do meu espírito e do meu corpo a Ti. Quero Te adorar de todo o meu coração, e como consequência experimentar o efeito que a adoração causa em mim: conhecer mais do Senhor e estar mais perto de Ti. Sei que nunca vou conseguir retribuir tudo o que fizeste por mim, mas quero entregar tudo o que eu sou ao Senhor: minha escrita, minha dança, meu talento e, principalmente, o meu coração. Obrigada por ser tão grande e por permitir que Tua presença recaia sobre mim.

Em nome de Jesus,

Amém.

Notas

[1] PIPER, John. **Plena satisfação em Deus.** 1. ed. São Paulo: Fiel, 2009.

[2] BRIDGES, Jerry. **O evangelho para a vida real:** voltando-se para o poder da cruz dia após dia. São José dos Campos: Fiel, 2015, pp. 52.

[3] Este relato se encontra em João 12 e Marcos 14.

[4] CALCUTÁ, Madre Teresa; editado por GONZÁLEZ-BALADO, José Luis. **Mother Teresa:** in my own words. New York: Gramercy Books, 1997.

[5] KOSTENBERGER, Andreas J.; SWAIN, Scott R. **Pai, Filho e Espírito**: a trindade e o evangelho de João. São Paulo: Vida Nova, 2014, pp. 246.

[6] HYBELS, Bill; NEFF, LaVonne; WIERSMA, Ashley. **Ocupado demais para deixar de orar:** diminuindo o ritmo para estar com Deus. Campinas: United Press, 2009, pp. 42.

[7] HAGIN, Kenneth E. **Guia para o jejum equilibrado**. Rio de Janeiro: Graça Editorial, 2008.

PARTE II

A importância da Bíblia

Bíblia

DIA 11
Amor pelas Suas santas palavras

por Fernanda Amandio

Leia: João 5.39

O Deus santo, perfeito em todas as Suas ações, pensamentos e desejos, desde o início, amou a obra de Suas mãos. Mas, ainda assim, o Homem O rejeitou. Então, Ele enviou Seu Filho para tornar-se um vivo caminho para que todos os que decidissem entregar Sua vida em amor para Jesus pudessem voltar a ter o total acesso a Deus e tivessem a vida eterna!

Essa é a história que as Santas Escrituras apontam e revelam: a história de Deus. A Palavra testifica do próprio Senhor e de Seu amor infalível, além de Seu desejo santo pelo coração do homem; de Seus pensamentos puros sobre tudo aquilo que vive e é sustentado por Sua vontade; e de Seu coração que anseia pela comunhão ardente com os filhos de Sua adoção.

Em Sua maravilhosa misericórdia, Deus decidiu revelar-se! Ele escolheu mostrar a nós a beleza de Sua face. SIM! Ele decidiu compartilhar conosco Sua história, aquilo que Ele sente e pensa. Tudo que lhe é precioso, Ele dividiu conosco: Suas palavras! UAU!

Por isso, a Bíblia é um presente para a humanidade, são as santas palavras de Deus para nós. O que Ele desejou que soubéssemos a Seu respeito está contido neste Livro, pois "[...] elas mesmas [as Escrituras] que testificam de mim [Jesus]" (acrescimo da autora). Portanto, é por meio da Bíblia que conhecemos o Deus com Quem passaremos a eternidade, assim como está escrito em João 17.3:

> *E a vida eterna é esta: que conheçam a ti, o único Deus verdadeiro, e a Jesus Cristo, a quem enviaste.*

Olha como é preciosa essa verdade, que a vida eterna é experimentá-lO! A eternidade está em conhecer Seu coração, Sua mente, Seus feitos, Suas glórias, Sua lei e Seus preceitos; e tudo isso nos foi revelado por meio das Escrituras! Podemos ter acesso ao maravilhoso conhecimento de quem Deus é. Quão valioso é esse presente!

Anotações

Senhor, a como sou grata porque o Senhor decidiu revelar-Se a mim através das Escrituras! Como eu amo a Bíblia, pois ela é a Tua santa Palavra para mim. Senhor, eu Te peço para que libere mais amor sobre mim pela Bíblia, porque ela testifica sobre Tua história. Obrigada pelo livre acesso para Te conhecer. Eu Te amo! Em nome de Jesus,

Amém!

DIA 12
Como ler a Bíblia?

por Fernanda Amandio

Leia: 2 Timóteo 3.16

Quando lemos um livro, sempre procuramos entender a história que ele conta, do que se trata. E a Bíblia conta a história de Deus! Por isso, quando vemos o que está escrito nela, devemos ter o desejo de conhecer as obras e o coração do perfeito Autor, pois, como tudo aquilo que Deus faz, Sua Palavra é inteira e infalível; e nela precisamos manter nosso coração. Então, pelo fato de a Bíblia não ser apenas a nossa história, mas, sim, a de Deus, temos de entender o como Ele se revelou em cada momento, por que falou da forma que falou, para quem Deus estava declarando aquelas palavras, etc. E aí poderemos ver o como aplicar cada ensinamento à nossa vida.

Agora, a pergunta é: sendo a Bíblia um registro das verdades do Senhor, como viver o que ela diz? Até onde estamos inseridos nessa história? Para sanar essas e outras possíveis dúvidas, é preciso entender quem Ele é: o Deus Santíssimo, que amou o mundo e decidiu revelar-Se! Desejou compartilhar Sua história com a humanidade.

Portanto, a Escritura Sagrada nos é útil e proveitosa para ensinar, exortar, corrigir e instruir em justiça, porque todos esses atributos que nela estão descritos são a chave para andarmos no caminho correto! Por esse motivo, o versículo seguinte, 2 Timóteo 3.17, diz: "[...] afim de que o servo de Deus seja perfeito e perfeitamente habilitado para toda boa obra". Assim, somos santificados à medida que conhecemos a Palavra de Deus e como Ele Se revela a nós (João 17.17).

Anotações

_____
_____
_____
_____
_____
_____
_____
_____
_____
_____
_____

Senhor, eu agradeço, pois me chamaste para andar segundo a Tua Palavra, que é poderosa para me santificar e me tornar parecida Contigo. Ajuda-me a entender a Tua história, Quem és e qual é o meu lugar em tudo isso. Em nome de Jesus,

Amém!

Bíblia

DIA 13
A Bíblia é a Palavra de Deus!

por Fernanda Amandio

Leia: 2 Pedro 1.21

A Bíblia não contém a palavra de Deus, mas é a própria palavra d'Ele. Ela é inteiramente inspirada pelo Senhor, assim, é completamente inerrante e infalível. Não se trata de uma inspiração poética sobre o Criador, mas, sim, do próprio sopro divino sobre os tantos homens que escreveram as Escrituras. A palavra grega Theopneustos, composta por: ***théos*** = **Deus** + ***pneuma*** = **sopro**[1] — usada por Paulo em 2 Timóteo 3.16 — nos ajuda a compreender melhor essa afirmação. Dessa forma, entendemos que homens movidos pelo Espírito escreveram palavras inspiradas pelo Senhor, as quais são fonte de autoridade, verdade e fundamento para a nossa fé e prática cristã.

A forma como a Bíblia foi inspirada e escrita pode ser entendida por meio de três fatores fundamentais. O primeiro deles é a causalidade divina, em que sabemos que Deus é a fonte primordial da inspiração e a causa primária da verdade bíblica. Deus é o Autor das Escrituras, que existem porque assim Ele decidiu e desejou. O segundo fundamento é a mediação profética. Deus escolheu o homem como um instrumento para escrever Sua revelação, mas sem impedir a expressão da personalidade e das linguagens culturais de cada uma das pessoas que escreveram a Bíblia. E esses dois resultam, finalmente, no terceiro fator, que é a autoridade escrita, ou seja, as Sagradas Escrituras como resultado da soma desses dois fundamentos.[2]

Mas como saber se os livros que estão na nossa Bíblia foram aceitos como inspiração divina? Por meio da Canonização Bíblica, isto é, o processo em que se reconheceu a autoridade de todos os livros pela inspiração divina. *Kanõn* significa régua; vara de medir, ou seja, todos os livros escritos passaram por esse crivo para que fossem aceitos e pudessem entrar no Cânon Bíblico, que são os livros que estão na Bíblia.

As regras desse processo eram que cada livro precisava apresentar algumas características em suas narrativas. Primeiro, ser autorizado — afirmar vir da parte do Senhor. Ou seja, "cada livro da Bíblia traz uma reivindicação de autoridade divina. Com frequência, a expressão categórica 'assim diz o Senhor' está presente. Às vezes, o tom e as exortações revelam sua origem divina. Sempre existe uma declaração divina". Segundo, ser profético — ter sido escrito por um servo de Deus. Terceiro, confiável — falar a verdade acerca do Senhor, dos homens e da Criação. Quarto ponto, ser dinâmico — carregar o poder de Jesus para transformar vidas. Quinto aspecto, ser aceito — reconhecido pelo povo de Deus.[3] É possível ver esses critérios sendo aplicados, pois a própria Palavra cita livros que foram escritos e não entraram no cânon (ex.: Números 21; 1 Reis 4; 2 Crônicas 20).

A Bíblia, mesmo sendo escrita por homens de diversas personalidades, em tempos distintos e linguagens culturais diferentes, é completa e não se contradiz em nada. Afinal, ela é a Palavra de Deus! As Escrituras foram registradas e guardadas por homens e mulheres que provaram na prática do seu poder transformador.

Anotações

Obrigada, Senhor, pois posso crer com todo o meu coração que a Bíblia é a Tua Palavra. Pai, eu creio que ela carrega o Teu poder para transformar vidas! Mude o meu ser com as Tuas palavras! Obrigada por todos os homens que devotaram suas vidas para serem instrumentos da Tua inspiração para que hoje eu possa ter livre acesso a esse precioso Livro.

Em nome de Jesus,

Amém.

DIA 14
Conhecendo o Antigo Testamento

por Fernanda Amandio

Leia: Êxodo 20 e Romanos 3.20

Para compreender melhor o Antigo Testamento, precisamos olhar as peculiaridades dos livros escritos naquele tempo e por que Deus decidiu que fossem feitos assim.

O Antigo Testamento foi escrito, em sua grande maioria, em hebraico, e acredito que Deus tenha escolhido essa língua porque é um dialeto extremamente pessoal. Por se tratar de uma linguagem pictórica, que é formada por símbolos, cada palavra é representada por sinais que traduzem uma ação, sentimento e expressão, que, juntos, formam um só vocábulo. É uma língua extremamente expressiva, porque não traz somente um significado, mas o sentimento, aquilo que está no coração de quem escreve. Em razão disso, o Antigo Testamento é tão importante, pois são as expressões de Deus para o Seu povo.[4]

Então, por meio da Bíblia, podemos conhecer mais do caráter de Deus mediante Sua Lei. Ela nunca foi apresentada ao povo com intuito de que fossem salvos ou justificados por meio desses princípios, mas para que o povo entendesse sua condição caída e sua necessidade do Senhor em todos os âmbitos de suas vidas. A Lei nos indica o coração de Deus, e todas as narrativas descritas no Antigo Testamento apontam para o Seu plano, que seria revelado de forma plena e perfeita em Cristo Jesus.

Agostinho dizia: "O Novo Testamento estava velado no Antigo Testamento, e o Antigo Testamento é revelado no Novo".[5] Em outras palavras, é como se o Novo Testamento fosse a explicação mais clara do Antigo, tudo aquilo que era misterioso passa a ser, finalmente, revelado através de Cristo.

Em todo tempo, vemos no Antigo Testamento profecias que declaravam a vinda do Salvador, além de várias outras narrativas que não apenas apontam para Jesus, mas nos mostram, em partes, aquilo que Ele faria pela humanidade. Isso sem contar que, na Bíblia, é possível encontrar uma série de personagens que falam sobre a segunda vinda de Cristo e descrevem Seu amor pela Sua Noiva. Toda a Escritura converge para Jesus.

Podemos ver algumas dessas relações entre as muitas referências que apontam para Jesus no Antigo Testamento. Como exemplo, há algumas profecias de que Jesus nasceria em Belém (Miqueias 5.2). Ou quando a Palavra afirma que o descendente da mulher seria aquele que esmagaria a serpente (Gênesis 3.15). Até o próprio Novo Testamento indica a relação de Adão com Jesus (1 Coríntios 15.45). Podemos ainda fazer uma comparação entre a figura do cordeiro que Deus proveu para Abraão para que fosse sacrificado no lugar de Isaque (Gênesis 22). Por fim, todas as instruções sobre como preparar o cordeiro e como o povo deveria comê-lo na Páscoa também apontam para Cristo (Êxodo 12).

Anotações

Senhor, obrigada por mostrar Teus sentimentos e nos revelar Tua expressividade para com Teu povo no Antigo Testamento. As Escrituras desde sempre apontaram para o Teu Filho Jesus e para as afeições de Cristo por Sua Noiva. Como é precioso ver a Tua Glória sendo revelada em partes no Antigo Testamento, até que foi revelada por completo através de Jesus. Aumenta o meu amor pela Bíblia e me mostra Teus segredos escondidos na Palavra.

Em nome de Jesus,

Amém.

DIA 15
Compreendendo o Novo Testamento

por Fernanda Amandio

Leia: João 1.16-17

Vemos a divisão entre o Antigo e o Novo Testamentos muito bem marcada com o nascimento do Filho de Deus. O Novo Testamento nos apresenta a Nova Aliança de Deus conosco, baseada na fé em Jesus Cristo, que nos justificou por meio de Seu sacrifício. Agora, temos um novo e vivo caminho para a plena intimidade com Deus. Assim, os livros e cartas escritas e fundamentadas na Nova Aliança nos revelam a encarnação de Jesus, o Messias, presente no Antigo Testamento por meio de profecias.

Olhando para a vida de Cristo e para as narrativas que contam a respeito de Seus ensinos, caráter e feitos, notamos o Seu desejo de revelar a glória do Pai e obedecê-lO.

Algo muito especial é que nos evangelhos e cartas escritas no Novo Testamento, Jesus nos ensina como viver de forma piedosa, seguindo os Seus passos e tendo-O como exemplo. Entretanto, o mais precioso de tudo isso é que, enquanto esteve aqui, Cristo era totalmente Homem, mesmo sendo totalmente Deus. Isso não apenas me faz pensar no quão incrível Ele foi por ter sido um ser humano e nunca ter pecado, mas também me revela que é possível, e imprescindível, ter plena intimidade com Deus ainda que sejamos feitos de carne e osso.

Em Hebreus 5.7-10 diz que:

Durante os seus dias de vida na terra, Jesus ofereceu orações e súplicas, em alta voz e com lágrimas, àquele que o podia salvar da morte, sendo ouvido por causa da sua reverente submissão. Embora sendo Filho, ele aprendeu a obedecer por meio daquilo que sofreu; e, uma vez aperfeiçoado, tornou-se a fonte da salvação eterna para todos os que lhe obedecem, sendo designado por Deus sumo sacerdote, segundo a ordem de Melquisedeque. (NVI)

Jesus, em tudo, ensinou-nos como agradar a Deus, e escolheu fazer isso de forma a nos mostrar que Ele não era um estrangeiro ou alheio às nossas dificuldades e condições tão frágeis. Cristo Se humilhou para fazer a vontade de Deus e nos transportar do reino das trevas para a Sua maravilhosa luz. Ele nos chamou para a liberdade e para uma vida abundante.

Essa foi a vida para a qual os discípulos foram chamados, e é a vida para a qual você foi chamada também. Jesus sempre nos revelou a importância da intimidade com Deus. Mesmo sendo Deus, Ele nunca abriu mão da comunhão com o Pai e o Espírito Santo. Curar pessoas, pregar o Evangelho, orar por milagres e ajudar os outros é extremamente relevante, mas não pode ser mais importante do que o nosso relacionamento com Deus, pois, no final das contas, isso é o que realmente importa.

Anotações

Jesus, obrigada por decidir nos ensinar o caminho da vida por meio do Teu próprio exemplo! Obrigada por ter assumido a forma de Homem para nos revelar o amor do Pai. Abra o meu coração para perceber os segredos de Deus revelados na Tua vida por meio das Escrituras. Jesus, sou grata, pois sei que o Senhor me entende, ama e ajuda a ser como Tu és!

Em nome de Jesus,

Amém

DIA 16
A Palavra em nós

por Lissa Subirá

Leia: Tiago 1.22-25; Mateus 4.1-11

O que a Palavra de Deus significa para você? Que peso carregam os sussurros do Senhor em sua vida? Em meio a tantas vozes no mundo, nossa resposta para essas duas perguntas definirá o caminho que vamos trilhar, como o percurso de um feixe de luz, afunilando milhares de possibilidades diante dos nossos olhos.

Segundo Tiago, irmão de Jesus, a Palavra de Deus é como um **espelho**; e a pessoa que a ouve, mas não a põe em prática é como alguém que olha seu reflexo por um momento e depois acaba esquecendo quem é, apagando, em sua mente, os detalhes de seus traços a ponto de perder até mesmo a noção do todo que a compõe. Ao ler essa passagem bíblica, posso imaginar a reação de alguém do passado encarando um espelho pela primeira vez em sua vida, o brilho em seus olhos como resultado de sua curiosidade sendo saciada, à medida que suas suspeitas finalmente ganham sentido e suas faltas são completamente preenchidas, substituídas pela verdade.

Imagino também um sorriso de satisfação, da segunda pessoa que Tiago menciona em sua carta, ao observar o espelho atentamente. Posso vê-la esticando sua mão para alcançar, com a ponta dos dedos, os tesouros que enxergou dentro dessa "moldura impenetrável", descobrindo a beleza que já estava em si e enxergando áreas que precisam de conserto, pontos que jamais encontraria sozinha.

Já para Jesus, a Palavra de Deus é alimento, assim como Ele afirmou: "[...] nem só de pão viverá o homem, mas de toda a palavra que sai da boca de Deus" (Mateus 4.4 - ARC). Amo o quanto essa descrição comunica dependência. Além de uma questão de nutrição e sobrevivência, fala ainda sobre prazer. Afinal, é difícil ver alguém que não ame comida, não é mesmo?

Sem alimento, não há vida. Sem espelho, não há revelação do que é belo, exposição do que é real. Tanto um quanto o outro são, para nós, inegociáveis; não somente para uma fase pontual das nossas vidas ou evento semanal, mas para cada um dos nossos dias.

Que a Bíblia e a comunhão com o doce Espírito Santo sejam para você mais necessárias do que qualquer refeição nesta Terra. Que sua alma encontre, na Palavra, auxílio no processo de santificação, que é intensificado a cada dia dentro de nós, até que sejamos perfeitas, como perfeita é a luz da aurora.

Anotações

Pai, me mostra, em Tua palavra, o processo de embelezamento que o meu interior necessita. Fortalece-me em Ti e me guia a um lugar de alegria e devoção na Tua presença. Que eu possa enxergar a importância que o Senhor deu à Bíblia e valorizá-la como aqueles que são perseguidos por causa dela. Que as definições dadas por Jesus e Tiago se tornem também minhas e que venham ainda outras, conforme a liderança de Deus em mim.

Em nome de Jesus,

Amém

DIA 17
A Palavra de Deus como nossa oração

por Lissa Subirá

Leia: Gênesis 1.1-2 e Tiago 3.3-5

No princípio, a Terra era sem forma e vazia, então, ao som do comando de Deus, houve luz. Fomos criados, e o Universo foi invadido por beleza e ordem. O Autor da vida deu à humanidade a habilidade de sonhar, criar. Ele nos concedeu o dom da fala.

E esse é um daqueles presentes que não devem ser julgados pelo tamanho da embalagem, já que, como a passagem de Tiago indica, mesmo a nossa língua sendo pequena, ela carrega um grande potencial. Acredito que, quanto mais percebermos o poder criativo, conectivo e libertador que nossas palavras carregam, maior será a qualidade dos nossos relacionamentos e impacto das nossas realizações nesta Terra.

Como um volante, aquilo que comunicamos, em fé, dá rumo às nossas vidas. Imagine que, em uma estrada, um motorista virou o carro à direita, mas logo mudou de ideia, fez um retorno e depois decidiu fazer todas as outras curvas ao longo do caminho para a esquerda. Aquela primeira curva para direita pode até ter feito certa diferença momentânea no percurso, mas realmente não influenciou o destino final.

Da mesma forma, nossas declarações desencadeiam uma série de efeitos. No momento em que falamos algo, definimos um rumo. Ainda assim, precisamos de consistência e convicção para continuar na rota escolhida, e também humildade para reajustar o trajeto quando necessário. E, mais importante, podemos ganhar tempo e evitar erros dolorosos se escutarmos "O Guia", Aquele que sabe todas as coisas.

Isso acontece quando as palavras do Criador ganham espaço em nossos lábios e passam a transformar aquilo que está sem forma e vazio, como problemas familiares, doenças e necessidades, em uma nova realidade.

Deus a escolheu para obras grandiosas, Ele a designou como agente de mudança para esta geração. Por isso, abra sua boca e declare o que a Bíblia fala, declare o que O Espírito Santo deseja!

Assim, haverá bondade onde antes não havia, tanto em sua vida como na daqueles ao seu redor. E, como na Criação, quando Céus e Terra foram estabelecidos, o cenário que a cerca será, finalmente, cheio de luz.

Anotações

Pai, que as Tuas palavras se tornem também as minhas. Que tudo aquilo que eu declaro, mesmo conversando no dia a dia, seja condizente com as minhas orações e convicções. Molde a minha realidade por completo e me torne mais sensível ao Teu coração a cada dia.

Em nome de Jesus,

Amém.

DIA 18
Aprofunde-se na Palavra

por Lissa Subirá

Leia: Efésios 1.17-19

Você já escutou uma pregação e se perguntou como aquele pregador encontrou tantos tesouros num trecho pequeno da Bíblia? Como filha de pastor, cresci indo a cultos e ouvindo homens e mulheres de Deus. Em especial, meu próprio pai. Eu sempre amei escutá-lo. Horas se passavam como se fossem apenas alguns segundos. Além do entretenimento de escutar uma história bem contada, algo acontecia dentro de mim toda vez que minha mente era exposta à verdade da Palavra de Deus.

Em certos dias, isso era ainda mais perceptível. Muitas vezes, eu até prestava atenção no que meu pai orava antes ou depois de um culto, sem que ele soubesse. Fui marcada por uma frase que constantemente estava em suas orações: "Senhor, se o Teu Espírito não vivificar esta palavra, terá sido apenas um discurso. Como nós precisamos de Ti! Traz revelação aos corações".

Só depois descobri que o apóstolo Paulo foi um dos pioneiros nessa oração:

> Peço que o Deus de nosso Senhor Jesus Cristo, o glorioso Pai, lhes dê **espírito de sabedoria** e de **revelação, no pleno conhecimento dele.** Oro também para que **os olhos do coração de vocês sejam iluminados**, a fim de que vocês conheçam a esperança para a qual ele os chamou, as riquezas da gloriosa herança dele nos santos e a incomparável grandeza do seu poder para conosco, os que cremos, conforme a atuação da sua poderosa força. (Efésios 1.17-19 - NVI - grifo da autora)

Na vida cristã, precisamos ir além da informação, necessitamos de revelação do Alto. Imagine como seria a experiência de visitar uma exposição de arte sozinha, no escuro. O que alguém poderia aproveitar desse cenário? Provavelmente, essa pessoa não cultivaria nenhum desejo de voltar. Mas e se, num segundo momento, ela fosse à exposição acompanhada pelo próprio artista e ele ascendesse a luz, fizesse companhia, explicasse cada obra e conversasse com ela como um bom amigo faz?

Cabe a nós escolher viver à altura do que já recebemos. Diferentemente do que muitos valorizam nesta geração, o Reino de Deus, de certa forma, é a celebração da dependência. Sem Jesus, nada podemos fazer. Até para conhecê-lO precisamos de Sua liderança. O fruto desse entendimento é recompensador!

Ao ler a Bíblia, seu coração será preenchido pela pessoa de Jesus. Haverá momentos em que certas letras do texto parecerão estar "em negrito" e ali estará a resposta que você tanto procurava para tomar a próxima decisão. Neste momento, não haverá dúvida de que você está tão perto d'Ele quanto se pode estar, não por mérito ou *performance*, mas por ter se tornado um recipiente vivo do amor que Ele derrama. Afinal, nós O amamos porque Ele primeiro nos amou.

Anotações

Espírito Santo de Deus,

abra os meus olhos. Guie a minha mente nesse "caça ao tesouro" até que eu encontre as profundezas do Teu coração através das Tuas Palavras e poder. O Senhor me explicaria a Tua intenção em cada obra? E me surpreenderia com a Tua amizade neste dia?

Em nome de Jesus,

Amém.

DIA 19
A Palavra em nossos dias

por Lissa Subirá

Leia: 2 Timóteo 3.14-17; Hebreus 4.12 e João 14.21

Sou extremamente desafiada pela história do Irmão Yun, registrada em seu livro *O homem do céu*[6], em que ele enfrentou a tortura e o sofrimento por amor ao Homem que também passou pela dor e a morte por ele. Após sua conversão, Yun orou até que uma Bíblia milagrosamente chegasse às suas mãos em meio ao contexto de perseguição cristã da China, seu país. Após um mês, ele já havia decorado o Evangelho de Mateus inteiro. E esse é apenas um relato, entre tantos, ao longo da história do Irmão Yun.

De fato, esses homens e mulheres dos quais o mundo não é digno (Hebreus 11.37-38) amam O Senhor e a Sua Palavra mais do que suas próprias vidas. Há pouco tempo, assisti a um vídeo que mostrava a reação de um grupo de pessoas ao receber pela primeira vez a Bíblia em seu idioma. Enquanto alguns choravam, outros beijavam o Livro em suas mãos e cantavam em gratidão. Ao ver essa cena, fui profundamente confrontada em meu comodismo.

Como explicar esse nível de comprometimento para com a Palavra? O que será que essas pessoas perceberam nas páginas sagradas? Como um livro, escrito por diferentes homens em diversos contextos, é perfeitamente coerente e afeta todo tipo de gente em todo lugar e época? Todos esses fatores transcendem a lógica humana e só podem ser explicados através de uma perspectiva espiritual: Deus é completamente comprometido com Sua Palavra, e isso simplesmente faz parte de Sua natureza.

O Espírito de Deus conduziu cada autor e, também, auxilia o leitor (1 Coríntios 2.10-12; João 16.12-13). Isso é tão lindo! Tão poderoso! Temos acesso aos relatos daqueles que conheceram a Deus profundamente, viveram o sobrenatural e deixaram "pegadas no caminho", mostrando-nos como fazer isso também.

Nenhum dos 66 livros que compõem o Antigo e o Novo Testamento possui data de validade. Todos são inspirados por Deus e aptos para o ensino. O tempo não é capaz de conter seus tesouros, e as traduções não anulam seu efeito. Independentemente do período em que foram escritos, revelam Aquele que é imutável.

O Criador programou o coração da humanidade, portanto, Ele sabe quais limites e conselhos seriam necessários para nós e registrou cada um deles. Além disso, Ele prometeu sempre estar conosco e nos ensinar a respeito de todas as coisas (João 14.26). Não podemos pensar em avivamento sem considerar a Bíblia, e não podemos alegar amar o Senhor se não amamos Seus mandamentos (João 14.21).

Então, de todas as razões que poderiam ser usadas para falar por que a Bíblia sempre será atual, eu escolho a integridade de Deus, Sua liderança profética e os incontestáveis frutos que vêm da obediência à Palavra. Nenhum outro livro se compara a esse; nenhum outro objeto possui tanto valor.

Anotações

Pai, não permita que a Bíblia se torne comum para mim. Que o meu coração queime pelas verdades da Tua Palavra com tudo o que há em mim. Deus, eu peço, me ajude a Te conhecer através das Escrituras e entender o que está escrito em suas páginas!

Em nome de Jesus,

Amém.

DIA 20
A importância das declarações

por Lissa Subirá

Leia: Salmos 34.12-13 e Provérbios 12.18

*Respondeu Jesus: "**Tenham fé em Deus**. Eu lhes asseguro que se alguém **disser a este monte: 'Levante-se e atire-se no mar', e não duvidar em seu coração, mas crer que acontecerá o que diz, assim lhe será feito**". Portanto, eu lhes digo: "**tudo** o que vocês **pedirem em oração, creiam que já o receberam, e assim lhes sucederá**". (Marcos 11.22-24 – NVI – grifo da autora)*

Ao longo de toda a Bíblia, aprendemos sobre a importância das nossas declarações. A fé e a fala recebem um lugar de destaque, e isso nos mostra que há algo precioso a ser vivido por aqueles que escolhem essas duas coisas. Sem fé, é impossível agradar a Deus (Hebreus 11.6), e a boca fala do que o coração está cheio (Mateus 12.34). Ou seja, declarações são uma consequência inevitável da vida cristã.

Jesus, o Homem infinitamente além de Seu tempo, sempre provocou mudança e consolo através de Sua fala. Suas palavras, ancoradas na verdade, nunca foram escravas da opinião popular, mas fluíam de um coração interessado em servir voluntariamente. Cheio de paixão, integridade e sabedoria assim como Sua fonte, Ele enxergou o que nenhum outro humano jamais pôde notar, e Suas palavras, simplesmente, acompanham esse fato.

Podemos ter certeza de que cada uma de Suas frases carregam intencionalidade. E Cristo prometeu o "impossível", não necessariamente ao desesperado ou ao honesto de coração, mas a todo aquele que declara sua fé, em gratidão e intimidade, crendo que acontecerá exatamente como for dito, de acordo com a Sua vontade. Por causa disso, sabemos que Deus não Se move por necessidade ou lógica humana, mas por fé proclamada (Romanos 10.8-10).

Há "montes" demais em nossa geração ocupando um lugar desnecessário e provocando desânimo e desistência em muitos. Chegou a hora de eles serem lançados ao mar! A corrupção, o abuso e todos os outros tipos de maldade devem ser afogados em "águas de justiça" conforme seus lábios se movem em sincronia com o coração de Deus.

Se há poder para mover a maior das montanhas, há também poder de sobra para mover o menor dos morros. Deus Se importa com o macro e o micro ao seu redor por Se importar tanto com você. Se o próprio Jesus não restringiu o assunto das nossas orações, nós também não deveríamos. Está na hora de comunicarmos o futuro.

Hoje, convido você a preencher a oração no final deste devocional do dia 20 com aquilo que Deus colocar no seu coração, segundo a Sua palavra.

Anotações

Pai, já que até os montes podem ser lançados ao mar, eu declaro o fim do(a) _____ em minha geração e, também, o fim do(a)

_____

em minha própria vida. Obrigada, Senhor, por já ter registrado o meu pedido, inclinando Teus ouvidos para o meu clamor e me presenteando com a Tua resposta.

Em nome de Jesus,

Amém.

Notas

[1] GEISLER, Norman; NIX, William. **Introdução bíblica:** como a Bíblia chegou até nós. São Paulo: Vida, 1997, pp. 11.

[2] *Ibid.* pp. 10-13.

[3] *Ibid.* pp. 68.

[4] *Ibid.* pp. 130.

[5] *Ibid.* pp. 7.

[6] YUN, Irmão. **O homem do céu.** Belo Horizonte: Betânia, 2019.

PARTE III

Identidade em Cristo Jesus

identidade

DIA 21
A definição de identidade

por Julia Vitoria
Leia: Salmos 139.13-17

Bom dia, boa tarde ou boa noite para você que está lendo este devocional! Quero falar com você mesmo, que está "do outro lado da página" (rs.)! O desejo do meu coração é que, com este livro, você possa se encontrar em Cristo e saber que a sua identidade está formada n'Ele!

Para começar, vamos entender um pouco mais sobre o que significa a palavra identidade, que é uma "série de características próprias de uma pessoa ou coisa e por meio das quais podemos distingui-la".[1] Nesta definição, encontramos algo superimportante que nos dá clareza e nos leva a entender quem nós somos. Assim, sabemos que a nossa identidade é um conjunto de peculiaridades e propósitos escolhidos a dedo por Deus, que nos diferem das outras pessoas.

Portanto, minha identidade está formada em Deus, e Ele me faz quem eu sou! Da mesma forma, quem você é também está baseado n'Ele. Então, entenda que somos todas diferentes, e isso é lindo e libertador. Sendo assim, neste devocional, não vou lhe mostrar sua identidade, porque a única pessoa que pode fazer isso é o Pai! Quero, aqui, ajudá-la a entender que você é exatamente quem Deus a criou para ser, da forma como Ele planejou. Somos feitura de Deus, obra-prima d'Ele, assim como está escrito em Efésios 2.10:

Pois somos feitura dele, criados em Cristo Jesus para boas obras, as quais Deus de antemão preparou para que andássemos nelas.

Deus tem um plano único, extraordinário e lindo para sua vida, pois Ele fez você de uma maneira extraordinária e maravilhosa! E assim como este devocional está escrito aqui, todos os seus dias também estão registrados no livro d'Ele. Portanto, vale a pena entender quem você é em Cristo Jesus, para que possa enxergar a vida da forma que Ele vê e vivê-la como Ele planejou pra você!

Anotações

Pai, obrigada porque Tu me formaste de um modo maravilhoso e extraordinário, e pensaste em cada detalhe! Sei que os pensamentos que tens ao meu respeito são de paz e esperança. Tu me criaste para Te amar e Te servir de uma forma única e especial. Sou Tua obra-prima. Cada parte de mim, por dentro e por fora, foi pensada com muito amor e zelo desde a eternidade pelo Senhor. Então, Pai, me ajude a entender quem eu sou em Ti e os propósitos que tens pra minha vida. Quero ser quem o Senhor quer que eu seja, andar por onde o Senhor me guiar, e fazer aquilo que agrada o Teu coração! Minha identidade está em Ti!

Amém.

identidade

DIA 22
Tesouro em vaso de barro

por Julia Vitoria

Leia: 1 Coríntios 6.19-20 e 1 Coríntios 4.6

Olá, que bom encontrar você aqui mais um dia! Quero lembrar que você é especial e importante para Jesus e para mim também!

Já que sabemos o significado de identidade, então vamos falar um pouco sobre o valor de descobrir quem você é. Imagine-se olhando para um vaso de barro, aparentemente sem nenhuma beleza ou até mesmo sem valor. Nada mais que um recipiente de barro. Mas dentro dele existe um tesouro raro e muito especial, que você ainda não descobriu que está lá. Então, ele continua sendo uma vasilha comum. Mas a partir do momento em que você descobrir o que tem dentro desse vaso, a aparência dele não importará, porque o que realmente determina o valor do frasco é o seu tesouro.

Assim somos nós. No instante em que descobrimos o tesouro que carregamos, isso nos liberta dos padrões e rótulos que o mundo impõe nas nossas mentes, como nos ensinar que a aparência, o que está por fora, é o que nos define e o que mais importa, por exemplo. Isso é mentira! A Palavra de Deus diz, em 2 Coríntios 4.7: "Temos, porém, este tesouro em vasos de barro, para que se veja que a excelência do poder provém de Deus, não de nós".

Propositalmente, Deus fez com que aquilo que nos desse valor estivesse escondido em nosso coração, e não em nossa aparência, roupa, produtos que usamos, estilo etc. Então, entenda: dentro de você existe um tesouro muito especial! Dentro de você e de mim existe o Espírito de Deus, que nos conduz, ensina, ama, liberta, transforma, e muito mais (1 Coríntios 6.19-20). Essa riqueza dentro de você custou muito caro. Não foi pago com ouro nem prata, mas com o sangue de Jesus! E quando você entender o seu valor e a própria identidade que tem, isso a impulsionará a buscar e viver o que Deus preparou para sua vida — única, especial e propositalmente para você.

Anotações

Senhor, obrigada pelo tesouro que tens colocado no meu vaso de barro! É o Teu Espírito em mim que revela quem Tu és e quem eu sou. Portanto, que eu possa conhecer-Te cada vez mais. E através desse relacionamento divino, peço que me conscientizes de quem eu sou. Que eu gere frutos que nasçam de dentro para fora. Frutos que confirmem a minha identidade em Ti. Meu Pai, desfaça qualquer padrão, paradigma e influência que o mundo tenta infiltrar nos meus pensamentos! Eu sou quem o Senhor diz que sou! O Senhor determina o meu valor! Eu creio e recebo completa restauração da minha identidade!

Em nome de Jesus,

Amém.

identidade

DIA 23
O poema e o Poeta

por Julia Vitoria
Leia: Efésios 2.10

Um poeta em seu processo de criação projeta tudo o que está dentro de si em seu poema. O que ele é, aquilo que já viveu e todo seu conhecimento fazem parte do desenvolvimento e da construção de sua obra. E assim somos nós, totalmente criados a partir de quem é Deus.

A Bíblia nos mostra, em Efésios 2.10, Paulo nos dizendo: "Pois somos feitura dele, criados em Cristo Jesus [...]". Um dos significados originais da palavra "feitura" é poesia.[2] É como se o Pai fosse o poeta, e nós, Seu poema; para entender essa poesia, basta conhecer o Filho.

Ou seja, quando nos relacionamos com o Senhor, conseguimos compreender quem realmente somos: filhas de Deus, que carregam Seus traços e podem prosseguir em conhecer sua identidade firmada em quem Ele é. A partir do momento em que entendemos que fomos criadas e formadas pelo Pai, percebemos o valor que temos! Ele nos criou à Sua imagem e semelhança. Dessa forma, o que dizem a nosso respeito já não carrega o mesmo efeito se não estiver de acordo com o que o Senhor diz sobre nós. Em 1 João 5.18, lemos que somos nascidos de Deus, e por isso podemos ter certeza de que Ele nos idealizou, trouxe-nos à existência e tem pensamentos bons a nosso respeito. O contrário disso não é verdade. Em

Jesus, toda confusão que poderia existir sobre a nossa origem foi resolvida.

Em Adão, após a desobediência, o Homem colocou sobre si o seu próprio desejo e passou a carregar um peso de culpa. Mas, quando o Filho de Deus Se entregou na cruz, Ele tirou de nós o pecado, de forma que o nosso passado não pode nos condenar, nem as mentiras nos definir, pois somos filhas de Deus, e o amor de Jesus, através do Seu sacrifício, é a única coisa capaz de determinar nossa identidade. Lembre-se, você é feitura do Senhor!

Anotações

Deus, como é bom saber que fui criada e formada por Ti. Do pó, o Senhor me formou e soprou Teu fôlego de vida em mim. Não me deixes esquecer dessa verdade libertadora. É o Teu fôlego que me sustenta; é o que o Senhor diz a meu respeito que realmente vale. O meu passado e o meu pecado não anulam o fato de que sou filha amada do Senhor. Obrigada pelo Teu amor que me alcança todos os dias e me lembra de quem eu sou e de quem Tu és!

Em nome de Jesus,

Amém.

identidade

DIA 24
Imagem e semelhança do Criador

por Julia Vitoria

Leia: Gênesis 1.26-31 e Efésios 4.22-24

Já se olhou no espelho hoje? Quando você se viu, o que enxergou? Quando vemos o nosso reflexo, enxergamos nossa aparência física. Mas o que eu gostaria de tratar hoje é sobre algo que vai muito além daquilo que vemos no espelho. Quero falar sobre ser a imagem e semelhança de Deus, nosso Criador.

Quando lemos o primeiro capítulo de Gênesis, vemos que Deus nos fez à Sua imagem e semelhança (Gênesis 1.26). Há muitas discussões a respeito do que isso realmente significa, mas o entendimento da maioria dos teólogos é de que o ser humano, na sua essência, representa um conjunto de características de Deus. Se repararmos, somos criaturas racionais, pessoais, criativas e morais. Além disso, somos semelhantes a Deus também ao expressar nossas vontades, tomarmos decisões, avaliarmos situações, demonstrarmos emoções, pensarmos de forma lógica e racional, exercermos domínio, possuirmos responsabilidades e criarmos coisas incríveis. Por outro lado, o fato de sermos criados à imagem e semelhança de Deus não nos torna divinos. Somos uma representação d'Ele, não semideuses. O ser humano reflete Sua imagem, na medida em que é semelhante a Ele em alguns aspectos, ou seja, naqueles em que o Senhor decidiu compartilhar conosco.

Sendo assim, você foi feita à imagem e semelhança do Criador e, portanto, é crucial entender a sua identidade. Bem antes de você existir, Deus já havia pensado em sua vida! Isso é algo muito grandioso para a nossa mente humana compreender, mas é real!

Com isso, quero desafiá-la: da próxima vez que se olhar no espelho, lembre-se de que você é a imagem e semelhança de Deus; que muitos atributos do Senhor estão em você, e que quanto mais você Se aproximar d'Ele, mais parecida se tornará! Quanto mais caminhamos com Deus, mais passamos a ter o Seu caráter em nós; e, assim, de dentro para fora, temos a oportunidade de manifestar essa semelhança para as pessoas ao nosso redor.

Anotações

Deus, obrigada por me criar à Tua imagem e semelhança. Sei que o Senhor soprou o fôlego de vida em mim, o Teu Espírito! Bem antes de eu existir, o Senhor já pensava em cada detalhe em mim. Muito obrigada, pois isso realça mais ainda a Tua bondade e amor pela minha vida. Eu agradeço por Teu amor e Teu Espírito, que habitam em mim. Que eu possa manifestar os Teus atributos no meu dia a dia, e que isso leve as pessoas a conhecerem o Senhor cada vez mais.

Em nome de Jesus,

Amém.

identidade

DIA 25
Deus, o nosso Pai

por Julia Vitoria

Leia: Romanos 8.15-17 e Isaías 64.8

Quero começar este devocional com uma simples pergunta. E, na verdade, a resposta para ela tem muito a ver com a forma como você vive sua vida e como a enxerga: quem é Deus para você?

Muitas vezes, acabamos transferindo para Deus experiências ruins que já tivemos com outras pessoas, como traumas, ideias distorcidas, medos, inseguranças, e tantas outras coisas. Isso acaba manchando a visão que temos a respeito de quem Ele é para nós. Mas, se você não enxergar Deus da forma correta, como será capaz de enxergar a si mesma da maneira certa? Como terá certeza da sua identidade?

Nosso Deus é *Elohim, Adonai, Yahweh, Jeová-Jire, Jeová-Rafa...* Ele é tão grande, majestoso, criador de tudo, invencível, e a lista não para! Porém, muitas vezes, nós nos esquecemos de que Ele também é o nosso Pai. Talvez você já tenha tido uma experiência ruim com o seu pai terreno, e isso passou a afetar diretamente a forma como você enxerga Deus hoje.

Ouvindo uma das pregações do pastor Douglas Gonçalves, entendi o quanto essa verdade, tantas vezes, cria raízes em nós, sem percebermos. É como ele disse: "Nós transferimos para Deus a imagem de pai terreno que temos. É automático"[3]. Por isso, é extremamente necessário que entendamos que os atributos do nosso pai terreno, sejam eles corruptos ou honestos, não anulam ou alteram os atributos eternos que existem e transbordam do nosso Pai celestial.

Na Palavra de Deus, Paulo escreve aos Romanos dizendo assim:

> *Porque vocês não receberam um espírito de escravidão, para viverem outra vez atemorizados, mas receberam o Espírito de adoção, por meio do qual clamamos: "Aba, Pai". O próprio Espírito confirma ao nosso espírito que somos filhos de Deus. E, se somos filhos, somos também herdeiros; herdeiros de Deus e coerdeiros com Cristo, se com ele sofremos, para que também com ele sejamos glorificados. (Romanos 8.15-17 – ARA)*

UAU! Você consegue entender a grandeza e a magnitude disso? O próprio Espírito de Deus testifica em nós que somos filhas d'Ele! A partir do momento em que recebemos Jesus como nosso salvador, somos geradas e nascemos de novo em nosso espírito! Isso significa que somos adotadas por Deus e nos tornamos parte da Sua família. Se nós não entendermos isso e não vivermos debaixo dessa verdade libertadora, não seremos capazes de desfrutar da herança e vida abundante que o Senhor tem preparado e compartilhado conosco!

Então, creia, de fato, que você é filha de Deus, e que tem acesso tanto à herança quanto ao próprio Senhor, que é o dono dela! Veja como é grande o amor de Deus por você e por mim!

Anotações

"**Pai nosso,** que estás nos céus, santificado seja o teu nome; venha o teu Reino; seja feita a tua vontade, assim na terra como no céu; o pão nosso de cada dia nos dá hoje; e perdoa-nos as nossas dívidas, assim como nós também perdoamos aos nossos devedores; e não nos deixes cair em tentação; mas livra-nos do mal [pois teu é o Reino, o poder e a glória para sempre].

Amém!"

(Mateus 6.9-13)

identidade

DIA 26
Jesus, o modelo de Filho

por Vitória Dozzo

Leia: Hebreus 1.3-4

Se eu enumerasse, acho que não seria capaz de dizer quantas vezes, lendo a Palavra, me quebrantei descobrindo mais sobre quem Jesus é. A Bíblia nos mostra como Cristo era muito intencional a respeito dos lugares aonde ia, do que faria nesses lugares e o mais importante, Ele tinha clareza sobre Sua identidade. Isso fica claro, por exemplo, quando Jesus venceu a Satanás no deserto, declarando as verdades escritas na Palavra de Deus (Mateus 4.1-11). E é justamente por esse e tantos outros motivos que Ele é o modelo perfeito de Filho que devemos seguir todos os dias, para que tenhamos direção em nossa jornada.

Jesus pregou a respeito do Reino de Deus, arrependimento e as vontades do Pai. Demonstrou honra para com o templo, amou os irmãos, cuidou dos oprimidos e se posicionou contra a religiosidade. Conhecendo o coração de Deus e se relacionando com Ele, Cristo não desejou, nem por um minuto, fazer algo que fosse contrário à vontade do Senhor.

A obediência de Jesus O levou a se despir de Sua Glória, para ser o sacrifício eterno, rasgar o véu e nos salvar. Ele sofreu uma morte de cruz, e por se humilhar diante dos homens e do Senhor, hoje, Ele está sentado no trono à direita de Deus Pai e é o Leão de Judá, o Rei dos reis, o nome sobre todo nome.

Olhar para Jesus como Filho, me faz pensar sobre a imensidão do amor do nosso Deus. Reflita por um instante a respeito disso: o Pai nos deu o que Ele tinha de maior valor, seu Filho, para que a História da humanidade fosse eternamente transformada e a condenação retirada da vida daqueles que cressem em Jesus (João 3.16). Somos chamadas para conhecê-lO e desenvolver um relacionamento íntimo com Ele.

A vontade de Deus será realizada em nossas vidas quando nossa prioridade for amá-lO e obedecê-lO, assim como Jesus fez. Nosso Senhor e Salvador caminhou na Terra para nos apontar a direção que devemos andar, e enganam-se aqueles que pensam que existe mais de um caminho. A Bíblia nos mostra que somente Jesus é o Caminho, a Verdade e a Vida (João 14.6), por isso, venha caminhar com Ele!

Deixo aqui o convite para ler os versículos citados hoje neste devocional, além de Colossenses 1.3-5. Guarde seu coração em Jesus e peça para que Ele alinhe suas vontades às d'Ele. Todos os dias, oro para que eu possa obedecê-lO instantaneamente, sem hesitar.

Anotações

Jesus, me ajude a cada dia ser como o Senhor é. Ajude-me a querer, acima de todas as coisas, viver a Tua vontade. Deus, me ensina a ser obediente, para que cada passo meu possa honrar e adorar ao Senhor. Jesus, que Tu sejas a única direção da minha vida, que eu me espelhe na Tua postura como Filho, e viva minha vida de forma que sempre glorifique o Teu nome!

Amém.

identidade

DIA 27
A liberdade de ser filha

por Vitoria Dozzo

Leia: 1 João 3.1

Oi, você sabia que é filha? Eu sei, parece que essa pergunta tem uma resposta óbvia, e provavelmente você está dizendo que sim. Mas, antes de concluirmos alguma coisa, gostaria de contar uma história.

Entreguei minha vida para Jesus há algum tempo, e vivia cheia de certezas sobre a paternidade celestial. Eu enchia a boca para dizer que eu era filha de Deus, aconselhava as pessoas ao meu redor e orava para que elas compreendessem que Ele é um bom Pai, completo e perfeito.

Até que um dia, depois de uma conversa com minha discipuladora, o Espírito Santo me disse: "Você acha que sabe que é filha, mas está vivendo como se fosse órfã". Essa frase me confrontou tanto, que até me tirou do eixo. Fui para "o secreto" (Mateus 6.6) quebrantada, buscando entender por que o Espírito Santo tinha me dito aquilo. Então, depois de algum tempo, Ele me revelou que eu estava projetando no Senhor uma paternidade que não é correspondente à paternidade de Deus.

Eu estava agindo como se tivesse um Pai que não cuidasse de mim: contando os centavos da carteira — como se a qualquer momento eles fossem faltar —, caminhando com medo de tudo, orando e clamando por coisas que já tinha — porque pensava que não as tinha —, comparando-me a outras pessoas e vivendo insatisfeita com tudo. Além disso, naquele momento, percebi que, o tempo inteiro, andava questionando a Deus a respeito de todas as coisas. Eu estava vivendo como órfã, e isso me levou a perder a confiança no Pai.

Agora, sabendo disso, refaço a pergunta: "Você sabia que é filha?". Não sei qual sua relação com seus pais, mas garanto que Deus não é como o seu pai terreno. Aquilo que homem nenhum pode oferecer, Deus Pai, que é perfeito, é capaz de dar.

Deus se importa intimamente com tudo a seu respeito: seus sonhos mais simples, Ele escuta; seus medos, cada um deles, Ele quer tirar; cada ferida do seu coração, o Senhor quer curar. Deus Pai corrige os filhos que ama, Ele não fecha a porta e nunca irá nos decepcionar ou abandonar. Ele preenche cada parte do nosso ser e transborda em nós para que possamos viver glorificando Seu nome.

Querida irmã, eu lhe convido a se jogar na liberdade de ser filha, a descansar n'Ele verdadeiramente, e se aprofundar nesse relacionamento tão lindo, que somente Deus Pai pode nos dar como filhas.

Anotações

Espírito Santo, ajuda-me a compreender que sou filha, para que eu possa descansar na certeza de que Deus Pai é bondoso e perfeito. Que meu coração verdadeiramente confie no Senhor para viver, não mais como órfã, mas como filha de Deus.

Em nome de Jesus,

Amém!

identidade

DIA 28
Sacerdócio real

por Vitoria Dozzo
Leia: 1 Pedro 2.5-9

Uma vida de sacerdócio real significa compreender quem somos em Cristo – nossa identidade – e como devemos viver para Ele em todos os momentos e em todas as áreas da nossa vida. Só descobriremos essas verdades através de uma busca constante por intimidade com Ele, pois é exatamente ali que Jesus nos mostrará como exerceremos o nosso sacerdócio.

O próprio Jesus diz que para segui-lO devemos negar a nós mesmas e tomar a nossa cruz (Mateus 16.24), o que significa, entre muitas outras coisas, que a forma como vivemos deve responder ao Seu convite, e que nossos passos devem ser correspondentes aos d'Ele. Negar a nós mesmas quer dizer abandonar uma vida de imoralidade, desejos da carne e desobediência a Deus, para, finalmente, seguirmos o plano para o qual Ele nos chamou. Isso não é sobre nós, é sobre Ele; é sobre fazer o Reino de Deus avançar na Terra e entender que nossos olhos precisam estar focados naquilo que é eterno, porque todo o resto é passageiro.

Precisamos entender que somos geração eleita, sacerdócio real. Fomos escolhidas para carregar o nome de Cristo, responder por Ele e nos encher da certeza de que existe uma marca em nós que precisa se destacar em todos os lugares por onde entrarmos. Uma vida de excelência, entrega, amor, cuidado e serviço precisa ser a nossa essência.

Somos chamadas para mostrar às outras pessoas como é admirável Aquele que nos tirou das trevas para Sua maravilhosa luz. Aquilo que vale a pena e traz sentido para a vida é justamente a busca constante em sermos cada vez mais parecidas com Jesus. A partir do momento em que refletirmos a Cristo é que seremos capazes de alcançar aqueles que estão ao nosso lado e não experimentaram ainda o verdadeiro sentido da vida.

A sombra de Pedro curava – que tamanha fé, intimidade e entrega ele vivia! Quem nos disse que não podemos viver algo sobrenatural assim? Pelo contrário, Jesus nos afirmou que faríamos coisas ainda maiores em Seu Nome (João 14.12), porque Ele nos deixou o Espírito Santo de Deus, que nos acompanha, aconselha e ensina na Terra.

Que sejamos prova disso e entreguemos nossos corpos e nossas vidas como sacrifício vivo (Romanos 12.1), sem atrapalhar a jornada dos que estão ao nosso lado, e entendendo a nossa responsabilidade como sacerdócio real do Único que reina.

Que nenhum dia mais se passe sem que o nosso coração queime pelas vontades que Jesus tem para nós e por aqueles que estão ao nosso lado e ainda não O conhecem.

Anotações

Senhor Jesus, mostra-me qual área da minha vida ainda não está entregue verdadeiramente a Ti. Eu quero mudar tudo que precisa ser mudado; ensina-me a amar de verdade as pessoas ao meu redor. Usa-me como vaso em Tuas mãos, Senhor! Também peço que me ajude a caminhar, porque sem o Senhor não quero ir a lugar nenhum!

Em nome de Jesus,

Amém!

identidade

DIA 29
Verdades de Deus

por Vitoria Dozzo

Leia: Hebreus 4.16

Quão maravilhoso é o nosso Deus? É possível compreender Sua totalidade? Não. Sua infinita graça e todo o Seu poder ultrapassam nossa compreensão humana. Por isso, os anjos cantam "Santo" desde sempre. E esse mesmo Deus é Aquele que nos ama, cuida e nos estende favor e misericórdia.

A Palavra nos diz, em Hebreus 4.15, que Jesus compreende nossas fraquezas. Já em João 15.15, o Senhor nos chama de amigos. Ou seja, temos o privilégio de poder viver uma vida de proximidade com Deus, e essa certeza me constrange. Não só isso, mas as Escrituras nos garantem que tudo há de cooperar para o bem daqueles que vivem de acordo com Seus propósitos. Essas são apenas algumas promessas de Deus que nos revelam quem Ele é.

Com isso, compreender a identidade e o caráter do Senhor nos enche de coragem para viver sem medo ou desconfiança, e livres dos cativeiros criados pelo mundo. Conhecê-lO nos liberta de nós mesmas, e eu convido você a buscar n'Ele essa verdade. Deus é bom, Pai, cuidadoso, fiel a quem Ele é, justo, amável, todo poderoso, dono de todas as coisas, soberano, santo e mais uma infinidade de adjetivos. Tudo o que é bom vem d'Ele, e nada do que é bom poderia existir sem Ele.

Todos os dias, tanto no Céu como na Terra, teremos algo novo da parte de Deus para conhecer, e isso me empolga! A vida com o Senhor é renovo diário, é novidade, sobrenatural, e tantas outras coisas que os homens não sabem explicar. Conhecer a Palavra é saber as verdades sobre quem Ele é, e somente por meio da Bíblia conseguimos diferenciar as mentiras ditas pelo mundo. Conhecê-lO nos mostra quem somos, e afirmo que somos aquilo que Deus diz a nosso respeito, e Ele nos chama de filhas. O Senhor nos diz que somos perdoadas e amadas. Essa é a verdade eterna sobre as nossas vidas. Não é possível viver em liberdade sem a certeza de que Ele nos ama.

Esqueça o que é terreno e as circunstâncias ao seu redor. O Senhor não muda, e é soberano sobre todas as coisas. As dificuldades não mudam Deus, na verdade, são as circunstâncias que são transformadas diante d'Ele. Creia nisso! Aquele que é eterno é dono de toda a verdade, e Ele "canta" essas verdades para você.

Anotações

Senhor, quero conhecer mais sobre Ti. Quero entender a Tua Palavra e ir mais profundo na certeza de quem Tu és. Mostra-me mais do Senhor! Quero Te conhecer verdadeiramente e caminhar como Tua amiga, filha e serva. Marque no meu coração as Tuas verdades sobre mim e, principalmente, as verdades sobre quem o Senhor é! Que eu nunca me esqueça da Tua infinita bondade e misericórdia; que todos os dias eu louve o Teu santo nome.

Em nome de Jesus,

Amém.

identidade

DIA 30
Escrevendo uma história com Deus

por Vitória Dozzo

Leia: Salmos 139.16

Jesus dividiu a História. Isso, porque ela foi separada entre antes e depois de Sua vinda, o que quer dizer muita coisa. Cristãos e não cristãos do Ocidente compreendem que Jesus mudou tudo na humanidade e que não faria sentido traçar a ordem cronológica da História mundial sem colocá-lO como centro.

Mas, mais do que dividir a História, Jesus dividiu as nossas vidas. Conhecê-lO, automaticamente, transforma-nos por completo, colocando uma linha do tempo definida entre antes e depois de Cristo. Jesus nunca passa despercebido. É impossível ter um encontro verdadeiro com Ele e não ver absolutamente todas as coisas mudando de lugar.

O Dono de todas as coisas nos conhece completamente, sonhou conosco mesmo antes de nascermos, e Ele quer traçar e cuidar da nossa história. Em Isaías 49.15, a Palavra nos diz que uma mãe pode se esquecer de um filho, mas Deus jamais se esquecerá de nós. Essa verdade estarrecedora é o suficiente para que nossa vida mude: pensar que Aquele que deu vida a todos e criou tudo o que existe nos ama individual e incondicionalmente é algo muito lindo.

De todas as histórias que alguém poderia viver, nenhuma seria tão perfeita como aquela que é vivida com Deus.

E digo isso por experiência própria. Uma vida com Jesus não é um conto de fadas ou uma história sem erros e sem aflições — muito pelo contrário, como Ele mesmo disse em João 16.33. Por outro lado, é uma vida abundante, cheia de alegria e da paz que excede todo o entendimento.

O mundo jaz no Maligno, e passar por esta Terra sem Jesus é viver como um morto. Ele nos dá a verdadeira vida, pois Ele é a verdade e o único caminho.

Vivi dias muito tristes na minha caminhada com Jesus. Dias de incertezas, dúvidas e dor, mas eu garanto que meus piores momentos com Ele foram infinitamente superiores aos melhores períodos que vivi no mundo sem a Sua presença. Trocaria todos os meus dias sem Cristo por um único minuto aos Seus pés.

Escolha Jesus todos os dias. Levante-se da cama clamando por Ele e pelo que é eterno. Faça da sua vida uma caminhada em direção ao Altíssimo, e busque viver o Seu Reino aqui na Terra, de forma que você O glorifique em tudo o que fizer. Nada faz sentido sem Cristo, sem Seus propósitos. Escreva sua história com a certeza de que Deus, o Criador do Universo, é Quem segura a caneta. E nunca se esqueça: é tudo sobre Ele.

Anotações

Senhor Jesus, eu Te escolho. Cuide de cada dia da minha vida, cada decisão, cada palavra que sair da minha boca. Que tudo em mim glorifique a Ti e que minha história seja escrita pelo Senhor. Tu tens liberdade para fazer o que queres de mim. Que Teu amor grandioso me dê coragem para correr de olhos fechados em direção ao futuro que tens para mim, pois sei que Teus planos são de vida, e não de morte, e que Teus sonhos são muito melhores que os meus. Leva-me para onde o Senhor deseja que eu vá! E que todos os meus dias nesta Terra sejam para Te glorificar.

Em nome de Jesus,

Amém.

Notas

[1] IDENTIDADE. In: DICIONÁRIO Michaelis *on-line*. São Paulo: Melhoramentos, 2020. Disponível em *http://michaelis.uol.com.br/moderno-portugues/busca/portugues-brasileiro/identidade/*. Acesso em agosto de 2020.

[2] ALMEIDA, João Ferreira. **Bíblia Sagrada – versão: Almeida Revista e Atualizada com os números de Strong**. Barueri: SBB, 2005. Disponível em *https://www.olivetree.com/store/product.php?productid=17001*. Acesso em agosto de 2020.

[3] GONÇALVES, Douglas. Ministração: **Vencendo o espírito da orfandade.** Publicado pelo canal do YouTube *JesusCopy* em 02/09/2019. Disponível em *https://youtu.be/giMh4Un7PQo* (minutos 12:55-13:01). Acesso em agosto de 2020.

PARTE IV

Chamado e propósito

DIA 31
Nascidas para amar a Deus

por Esther Marcos

Leia: Deuteronômio 6.5

Você foi criada para amar e se relacionar com o próprio Amor – isto é, Deus – e assim refletir a Sua glória. Aliás, o Senhor nos ama tanto, que este é o Seu primeiro e grande mandamento: que O amemos, e então façamos todas as coisas para Ele a partir de um princípio de amor.

Ou seja, Deus não quer que você O obedeça por medo ou que O enxergue de uma forma distorcida, como se Ele fosse um ditador. Ele nos amou primeiro e nos chama todos os dias para conhecê-lO, entendendo que todas as coisas que Ele fala são para o nosso bem.

Diante disso, só nos resta amá-lO. E amar a Deus é se entregar totalmente a Ele! Por isso, é extremamente impactante compreender o poder das palavras que você vai ler agora: isso requer todo o seu **coração**, toda a sua **alma** e todas as suas **forças** (Lucas 10.27).

O coração representa suas emoções, sentimentos e desejos. Se você dividisse seu coração por porcentagem, quantos por cento seriam de Deus? Por exemplo: Quantas vezes você desejou ler a Bíblia hoje? Você anseia ou não para que chegue a hora de poder ir para o seu lugar secreto com Ele? A ideia de buscar mais a Deus lhe agrada?

Já a alma é a sua identidade e pensamentos. É a vida individual de cada pessoa. Se eu lhe perguntasse agora quem você é, o que me diria? Uma resposta terrena e passageira ou a resposta eterna? Mas, de fato, talvez você nem saiba quem é, e é por isso que Deus fala: "de toda a sua alma"! Porque, ao amá-lO dessa maneira, sua identidade vai estar baseada em quem Ele é! Seus pensamentos e tudo o que você é terão o Senhor como centro.

Por fim, "de todas as suas forças" envolve usar seu corpo, suas atitudes, falas e posicionamentos. As suas ações refletem o amor de Deus? O que você diz, o que você posta e ouve demonstram quem Ele é? Você se esforça todos os dias para ser alguém mais parecido com Jesus? Ele quer todas essas áreas, quer ser o centro da sua vida! Sabe, lendo esse versículo, consigo senti-lO dizer: "Eu quero tudo! O seu coração pode estar aos pedaços, mas Eu o quero mesmo assim! Seus pensamentos podem estar impuros, mas Eu os anseio do mesmo jeito! Desejo a sua totalidade! Quero que traga tudo! Deixe-me ser o centro e cuidar de tudo em sua vida!".

Como resultado disso, "Nós o amamos porque Ele nos amou primeiro" (1 João 4.19). Nossa devoção a Deus vem do amor d'Ele por nós! Portanto, amar é uma decisão a ser tomada em resposta a isso e buscá-lO mais é um ato consciente. É preciso ter disciplina e força de vontade! Jesus Cristo é quem, de verdade, pode nos ensinar como amar o Pai de todo coração, e nós precisamos pedir por isso! Amar a Deus é um privilégio que flui da própria graça, por causa da salvação! Anime-se, Ele ama você, e você foi feita para amá-lO e adorá-lO.

Anotações

Senhor, ajuda-me a buscar o Teu coração, a Te amar com tudo o que sou. Hoje, entrego a Ti todos os meus pensamentos, meus sonhos e desejos! Eu Te entrego tudo o que sou! Ajuda-me a refletir o Teu amor em cada gesto, em cada palavra que eu falar, em cada música que eu cantar!

Não quero mais declarar que Te amo da boca para fora, mas, sim, entendendo e vivendo a imensa e inesgotável fonte que é o Teu amor! Ajuda-me a aprender a Te amar, mesmo sabendo que nunca conseguirei Te entregar nem a metade do que fizeste por mim.

Ensina-me, Pai, a viver para Ti e Contigo,

Amém.

DIA 32
Chamadas para amar

por Esther Marcos
Leia: 1 João 4.7-8

Você é amada! No começo do versículo 7 de 1 João 4, está a afirmação de que **Deus ama você**! Aliás, quando lemos a palavra "amados", podemos ter certeza de que não há separações de raças ou línguas, mas **todos** estão incluídos. É lindo perceber que eu e você somos envolvidos nesse amor independentemente de quem somos ou do que fizemos. Nesse texto bíblico, poderia estar escrito "Judeus amados" ou "Amados que nunca erraram", mas não, lemos apenas "**amados**", sem características ou pré-requisitos para isso!

Justamente por sermos amadas de forma tão indescritível, mesmo sem merecermos, precisamos **compartilhar** esse amor que o mundo não conhece, que não pede nada em troca ou julga pela aparência. Por isso, devemos amar a todos! Da mesma forma que você é incluída no amor de Deus, as outras pessoas também são. Até porque amar ao próximo é o resultado de conhecer a Deus, conviver com Ele e ter o Novo Nascimento no Senhor.

Você já conviveu tanto com uma pessoa que acabou pegando alguma característica da personalidade dela? Se sim, provavelmente começou a usar uma palavra que não falava antes, passou a se interessar por algum estilo novo de livro ou filme. Pode até ser que já tenha ouvido as seguintes frases de sua mãe, pai ou amigos: "Nossa, você e fulano parecem até irmãos" ou "Você

me lembra muito tal pessoa, ela fala exatamente assim". Isso é resultado de muito tempo junto. Da mesma forma, se você conhece a Deus, caminha com Ele e escolheu nascer de novo, o amor que você revelar ao mundo através das suas atitudes será como o d'Ele, genuíno e caridoso. E esse sentimento fluirá do seu interior, porque Deus é amor.

Como, então, dizer que servimos a Deus e O amamos se não conseguimos amar a Sua criação, os nossos semelhantes? Se o seu coração está no Senhor, consequentemente ama Suas obras e Seus caminhos. Sim, você foi chamada para amar o próximo. Não que seja fácil amar aqueles que nos ferem ou que machucam alguém com quem nos importamos, mas o amor de Deus é para todos e, seguindo o Seu exemplo, nós devemos aprender a amar a todos sem distinção.

Entenda que Deus amou você e continua amando, mesmo todas as vezes que você errou, ou feriu o coração d'Ele com seus pensamentos egoístas! O Senhor continua amando você mesmo depois de vê-la errando novamente com os seus pais e seus amigos. Então, me diga, se você recebe esse amor todos os dias, porque não pode compartilhá-lo com o seu próximo independentemente do que ele fez? Hoje, ouça a voz do Pai: escolha amar a todos! Não com o amor natural que nasce através de atos carinhosos e a partir da emoção, mas, sim, com o amor que vem de Deus, sincero, sem limites, sem interesses pessoais. Assim, todos à sua volta serão impactados e transformados pelo próprio Deus, que é **Amor**.

Anotações

Pai, ensina-me a amar com o verdadeiro amor! Ajuda-me a enxergar cada pessoa com os Teus olhos. Que em mim haja verdade na caridade e na empatia, a fim de que eu possa ser um instrumento para que o Teu amor liberte pessoas e restaure corações.

Forma em mim um coração igual ao Teu, voltado à obediência e à entrega total. Amar não é apenas uma característica Tua, mas quem o Senhor é: o próprio, único e verdadeiro Amor. Então, ajuda-me a compartilhar o amor que vem de Ti. Que isso seja gerado em mim todos os dias da minha vida.

Obrigada pelo Teu amor, *Abba!* Por me incluir na Tua maravilhosa graça! Fui feita para Te amar e chamada para amar o próximo, e assim farei.

Em nome de Jesus,

Amém.

DIA 33
Ide: o maior chamado de todos

por Esther Marcos

Leia: Marcos 16.15-18

A questão central a ser abordada no devocional de hoje é o nosso papel como discípulas no mundo: a honra que recebemos de poder pregar o Evangelho e manifestar a realidade dos Céus na Terra em nome de Jesus. Somos enviadas por Ele para partilhar as Boas Novas do amor de Deus e o dom da vida eterna revelada por Seu Filho (2 Timóteo 4.2).

Com base nesse dever que o Mestre nos entregou, precisamos acordar e enxergar a necessidade de compartilhar a fé com todas as pessoas. Isso não é uma opção, mas um comissionamento para todo aquele que se diz seguidor de Cristo.

Jesus disse: "Ide", ou seja, **"Vá! mova-se!** Saia da sua zona de conforto! Agarre a missão de ir por todo o mundo!". Não devemos parar diante de barreiras raciais, geográficas, culturais ou até mesmo políticas. A salvação mediante o sacrifício de Jesus destina-se a toda à Terra, todas as pessoas (João 3.16). Isso quer dizer que, onde houver um ser humano, a Palavra de Deus deve ser pregada. Então, mova-se, pregue o Evangelho, que é a Boa Nova da Salvação, os ensinamentos de Jesus Cristo, Seu caminhar, Sua ressurreição.

Nem todos crerão, mas o seu chamado é falar! E a Bíblia completa: "E estes sinais seguirão os que creem". Você crê? Então, saiba que os sinais a acompanharão para testificar

suas palavras. Todos fomos chamados, porém nem todos escolhem crer e viver o sobrenatural de Deus (João 14.12-14). Você foi comissionada para pregar as Boas Novas, cumprir o "Ide" e ser um instrumento para que Deus revele a Sua glória ao mundo; tudo o que você precisa fazer é crer e desenvolver um relacionamento íntimo com Ele por meio da oração e leitura bíblica.

Somos o exército de Cristo e estamos aqui para revelar a mensagem da salvação e estabelecer a realidade dos Céus na Terra. O nosso General conta com você para espalhar essa verdade em todas as esferas da sociedade! Comece em sua casa, sua escola, faculdade, fale de Jesus para alguém no ônibus ou metrô. Não é necessário um lugar de destaque ou um microfone na mão para falar de Jesus, e, sim, de coragem, fé e ação.

Apenas VÁ! Seja uma mensageira dos Céus! Permita que Deus lhe ensine e mostre o prazer que existe em pregar o Evangelho. Tenha a certeza de que muitas pessoas serão salvas, porque um dia você se deixou ser usada em prol do Reino.

Anotações

Pai, eu quero ser um instrumento em Tuas mãos. Por favor, dê-me ousadia para que eu possa pregar o Evangelho e manifestar o Teu poder em todos os lugares. Confio que o Teu Espírito me guiará e me dirá o que devo falar e fazer. Por isso, eis me aqui, Deus! Eu irei! Irei aonde me chamares. Proclama-rei as Boas Novas enquanto eu respirar! Peço também que me capacites para isso todos os dias.

Em nome de Jesus,

Amém.

chamado

DIA 34
Como servir com os seus dons e talentos

por Esther Marcos

Leia: Romanos 12.3-9

Talento é a aptidão natural que uma pessoa tem para realizar determinada atividade. É algo que já está dentro de cada um desde o seu nascimento e pode ser desenvolvido através de treinamento constante. Exemplos disso são as habilidades de cantar, tocar um instrumento, fazer cálculos, dançar, pintar telas, entre outras. Já um dom espiritual é dado pelo Espírito Santo para um fim específico. Como a Palavra diz em 1 Coríntios 12, são ferramentas para contribuirmos com a expansão do Reino de Deus.[1]

Por diversas vezes, estive sentada em meu quarto me perguntando: "Qual é o meu talento?", ou até pensando: "Já existem tantas pessoas que fazem a mesma coisa que eu, e realizam isso de uma maneira tão incrível! Não acho que seja necessário mais alguém para isso... Aliás, eu nem sou tão boa assim!". Por diversas vezes, cometi o erro de dar ouvidos à voz que dizia: "Você não tem talentos nem dons! É melhor ficar aí sentada mesmo".

Se você pensa assim, ou se o Inimigo a convenceu a crer em algo parecido, entenda que se tratam de mentiras. Deus traçou um plano para a sua vida, e não é à toa que Ele lhe entregou talentos e dons para ajudá-la nisso (1 Pedro 2.9). Portanto, não menospreze os dons que você recebeu nem perca tempo com-

parando-os com os das outras pessoas, pois todos foram dados pelo Espírito Santo com um propósito único e especial.

Pensando na analogia feita pelo apóstolo Paulo, na qual a Igreja de Cristo é comparada a um corpo (1 Coríntios 12.12-27), basta nos lembrarmos das aulas de biologia e logo perceberemos que, para tudo funcionar de maneira excelente, é necessário que cada membro trabalhe bem. E o cérebro que, como você bem sabe, está na cabeça e conecta-se a todo o corpo, envia comandos específicos a cada um, para que a perna se movimente, por exemplo, ou para que a mão segure um objeto. Ou seja, todos têm sua função e são essenciais. Também no Corpo de Cristo acontece dessa forma, sendo que Jesus é O cabeça e nos envia os devidos comandos, e assim todos trabalham em prol do Reino.

Portanto, aproxime-se de seu Criador e reconheça o que Ele colocou em suas mãos. É nossa responsabilidade desenvolver os dons e talentos que já temos e então usá-los sem medo. Muitas vezes, eu me calei, enterrando a aptidão que tenho para cantar, por medo de errar, desafinar ou de ser criticada pelos outros. Mas não podemos reter o que Deus depositou em nós. Existem pessoas sedentas por Cristo em todos os lados, e talvez seja justamente através da expressão de seu talento que elas serão atraídas ao Senhor. Acredite: o próprio Deus "aposta Suas fichas" em você. Como ouvi Ele mesmo me falar certa vez: "Eu não a escolhi baseando-Me naquilo que você mesma pode fazer, mas pelo que EU SOU, POSSO e VOU fazer por meio de sua disponibilidade e obediência".

Anotações

Pai, a partir de hoje, decido Te servir com os meus dons e talentos. Ajuda-me a enxergá-los, aprimorá-los e usá-los para a Tua glória. Eu quero participar do Teu agir e do Teu mover. Hoje, eu escolho me levantar, me empenhar e trabalhar na Tua obra. Peço que derrames sobre mim o Teu Espírito Santo, e que me uses para a Tua honra e glória.

Em nome de Jesus,

Amém.

chamado

DIA 35
Ekklesia: *chamados para fora*

por Esther Marcos

Leia: Lucas 4.18-19

A palavra Igreja deriva do substantivo grego *ekklesia*, em que *ek* significa "fora", e *klesia*, "chamar". Portanto, o significado etimológico de *ekklesia* é "chamados para fora".[2]

A Igreja é um povo chamado para fora, e a partir do momento em que compreendemos que ela não é apenas um local onde nos encontramos com os nossos irmãos para adorar a Deus e ouvir a Palavra, mas que **nós somos a Igreja**, tudo muda. Você é o templo do Espírito Santo e carrega a realidade dos Céus (1 Coríntios 6.19-20).

Quando escolhemos viver para Jesus, passamos a ser missionários, embaixadores do Reino de Deus. Com isso, o significado de *ekklesia* ganha real sentido, ao entendermos que nos reunimos na Igreja por um propósito: pregar o Evangelho e fazer a diferença no mundo (Mateus 5.13-16). Uma das frases do evangelista Billy Graham que explica um pouco melhor o que estou falando é: "A Bíblia não manda que os pecadores procurem a Igreja, mas ordena que a Igreja saia em busca dos pecadores".[3] Ou seja, a função de ir atrás das vidas é nossa, como Corpo de Cristo!

O Evangelho é o poder que transforma sociedades e indivíduos. Cada uma de nós é responsável por anunciar as Boas Novas para as nossas famílias, amigos e aqueles que estão

à nossa volta. Mas, para isso, precisamos não só estar com as portas das igrejas locais abertas para recebermos os que estão perdidos, mas sairmos das quatro paredes para alcançá-los.

Percebemos, ao longo da Bíblia, que Jesus caminhou com os discípulos, passou tempo com eles, ensinou-os, e depois os enviou para que pudessem cumprir seu chamado. Quase todas as ações de Cristo, como realizar milagres, curas e libertações, não aconteceram em templos, mas em casas, ruas ou praças.

Essa é a vontade de Deus: que a Igreja se posicione de tal forma que passe a ser uma voz que influencia todas as esferas da sociedade! O seu chamado vai além de pregar para os de dentro, mas envolve buscar os de fora. Jesus está chamando você, e o Espírito Santo está sobre sua vida. Isso quer dizer que Ele a ensinará o que deve falar e como deve agir. Mas lembre-se: isso só acontecerá quando você se posicionar para ser usada por Ele.

Eis o seu chamado. Não deixe de pregar o Evangelho; vá além das portas da Igreja! Seja luz e sal da Terra por onde você for.

Anotações

Pai, eis-me aqui. Eu entendo que a Igreja é que vai impactar o mundo. Não me refiro ao prédio em que vou aos finais de semana, mas a mim e aos meus irmãos e irmãs em Cristo. Peço que me ajudes a ser luz e sal da Terra. Guia-me para que eu possa pregar as Escrituras em todos os lugares, não só com palavras, mas através das minhas ações. Que a minha vida possa refletir a Tua glória. Fui chamada para Te amar, para que eu possa amar o próximo e cumprir o "Ide". Que eu seja uma voz em minha geração, espalhando o Evangelho.

Em nome de Jesus,

Amém.

DIA 36
Sem pressa para descobrir o seu chamado

por Rapha Gonçalves
Leia: Gênesis 37

Uma das perguntas que eu mais escuto é: "Como descubro o meu chamado?". Somos inspirados por pessoas de Deus que causam grande impacto em nossas vidas através de seus chamados, e é natural desejarmos viver algo assim também. O problema é que muitos cristãos vivem ansiosos para encontrar o motivo pelo qual foram criados, achando que só assim vão agradar a Deus. Mas será que o Senhor está tão interessado assim no seu chamado?

É claro que Ele se importa com a forma como você viverá sua vida, mas a verdade é que todos nós fomos criados para ter um relacionamento com nosso Pai, sendo esse o nosso principal chamado. Você pode estar pensando: "Mas só isso?". A questão é que só quando entendemos nosso chamado principal e nos voltamos a Deus, em arrependimento pelos nossos pecados, é que encontramos o verdadeiro sentido para nossa existência (Efésios 1.18-19 e João 4.10).

Fomos feitas para conhecer o Criador e trazer liberdade a outras pessoas, e ninguém se exclui dessa. Não estou dizendo para você deixar de compreender mais profundamente o seu propósito aqui na Terra, mas antes de fazer qualquer coisa para Ele, precisamos conhecê-lO, pois estar com nosso Senhor nos trará mais satisfação do que qualquer outra coisa que fizermos.

Deste lugar de intimidade com nosso Pai, vamos viver a plenitude que o Senhor tem para cada um de nós (1 Pedro 1.15-16 e Colossenses 1.16-17).

Mas e se Deus aparecesse agora e dissesse que daqui a alguns anos você se tornaria a pessoa mais influente no seu país: uma atriz famosa, uma médica renomada, uma missionária em tempo integral na África, ou até mesmo que viveria todos os sonhos mais loucos do seu coração? Você estaria pronta para receber essa notícia? Será que continuaria amando a Deus e tirando tempo todos os dias para ouvi-lO e conhecê-lO mais intimamente?

Olhando para a vida de José, nos deparamos com um jovem apressado para viver os sonhos que Deus havia lhe dado, e, por conta disso, não soube lidar com a grandeza do seu chamado, o que quase o levou à destruição. Por isso, para o nosso próprio bem, Deus não nos mostra tudo o que iremos viver de uma vez. Assim como na história de José, Ele não quer que nosso chamado seja revelado antes da hora e nos destrua, mas deseja que, mesmo quando não sabemos o próximo passo a dar, nossos olhos continuem n'Ele, confiando em Sua fidelidade. José foi crescendo em meio às crises, se aprofundando em seu relacionamento com Deus e abrindo seu coração para mudanças e ajustes que o Senhor desejava fazer nele antes que pudesse viver o grande propósito de sua vida. Deus não tem pressa para que você faça grandes coisas, mas tem pressa para que você tenha um relacionamento íntimo com Ele.

Anotações

Deus, eu quero crescer em intimidade com o Senhor, Te amar acima de qualquer coisa que Tu possas me dar em troca. Pai, eu confio no chamado que preparou para mim. Aumente a fome em meu coração pela Tua presença e pela Palavra, para que os Teus sonhos e planos se cumpram em minha vida através da nossa intimidade.

Amém.

DIA 37
O que queima em seu coração?

por Rapha Gonçalves
Leia: Rute 1

Com tantas ferramentas à nossa disposição para nos ajudar, e tanta pressão para sermos perfeitos, acabamos achando que estamos dando passos que fazem, realmente, a gente chegar mais perto do nosso chamado; mas, muitas vezes, são passos superficiais. Queremos fazer coisas que aparentam ser as melhores para nós, mas será que elas, de fato, nos fazem felizes?

Uma vez Deus me perguntou: "Qual é o maior desejo do seu coração?". Logo depois que Lhe disse tudo, Ele me respondeu: "Agora, deixe-Me contar os Meus desejos para sua vida". Nem nos meus maiores sonhos eu poderia imaginar o que Ele tinha planejado para mim. Mas, para viver tudo aquilo, eu teria de confiar e obedecer, e essas não só são as nossas melhores escolhas como as únicas, se quisermos viver o que Ele tem separado para as nossas vidas (1 Coríntios 2.9 e 1 João 5.2-4).

Na busca por descobrir o que se passa aqui dentro, não devemos esquecer de que o que nos trará felicidade plena e satisfação completa é obedecer à vontade de Deus. No livro de João, vemos Jesus falando para os discípulos que aquilo que alimenta é fazer a vontade d'Aquele que O enviou e realizar a Sua obra, sendo essa uma das grandes chaves para vivermos nossos chamados (João 4.31-35 e 2 Samuel 22.31).

Olhando para vida de Rute, percebemos também como a obediência mudou não só a sua vida, mas a de toda sua linhagem; e nós somos frutos dessa submissão. Após ficar viúva, Rute manteve a aliança com sua sogra Noemi, não a deixando sozinha, já que ela também era viúva. Tempos mais tarde, Rute acabou se casando com Boaz e, dessa união, nasceu Obede, avô do rei Davi. A obediência de Rute contribuiu para que ela entrasse de maneira milagrosa na linhagem de Jesus Cristo e fizesse parte da história que mudou o curso da humanidade.

A sua obediência também pode causar um impacto grandioso no mundo se você for fiel à aliança que tem com Jesus. Você nunca sabe quem vai influenciar apenas tomando a poderosa decisão de continuar obedecendo.

Que esse seja seu desejo diário. Não importa a área onde Deus colocará você; quando convidamos o Autor da salvação para ser o Escritor da nossa história, nossas experiências superam nossos humildes começos, transformam nossas batalhas perdidas em momentos de vitória e, junto com Ele, escrevemos as histórias mais surpreendentes a serem contadas para a esperança de uma geração inteira.

Anotações

Deus, não me deixe de fora daquilo que Tu estás fazendo no mundo. Eu quero trazer o Teu Reino aqui na Terra para que o Senhor seja louvado. Quero sempre obedecer e honrar a minha aliança Contigo. Use a minha vida para a Tua grande obra.

Em nome de Jesus,

Amém.

DIA 38
Exercendo seu chamado

por Rapha Gonçalves

Leia: Efésios 4.1

Descobrir nosso chamado, às vezes, é uma caminhada que pode parecer muito longa, mas será que sabemos qual o primeiro passo a dar logo que entendemos o que viemos fazer aqui na Terra? (Romanos 8.28).

Como seguidoras de Cristo, nós fomos escolhidas por Deus, separadas, cheias de dons e capacitadas para cumprir um propósito muito único. Deus quer que vivamos uma vida digna do chamado que Ele nos deu.

Nós somos a Igreja, os que foram escolhidos para ir por este mundo, compartilhando o amor do Pai com todos os que cruzarem nosso caminho (Marcos 16.15 e Mateus 28.16-20).

Porém, Deus nos chamou primeiro para a **salvação**. Logo, antes de qualquer outra coisa, fomos designadas para ter um relacionamento com Ele. Em seguida, enquanto essa relação é construída, Ele nos leva para a **santificação**. Somos um povo separado por Ele buscando viver uma vida santa como Jesus. E, por último, mas não menos importante, Deus nos impulsiona para o **serviço**. Ele nos encheu de dons e talentos para servirmos a este mundo e ao Corpo de Cristo, além de estabelecermos o Seu Reino aqui. Mas quando chegamos nesse ponto, surgem perguntas, como: "Será que estou pronta?" ou "Será que eu sou boa o bastante para fazer isso?". Mas esses questionamentos não podem mais parar você!

Tiago 2.17 diz: "Assim, também a fé, se não tiver obras, por si só está morta". Não há como acreditarmos que temos um chamado e não fazermos nada. As obras mostram se estamos vivendo aquilo que Deus sonhou e separou para as nossas vidas, e se realmente acreditamos nos Seus propósitos.

Comece a andar em direção ao alvo e faça tudo com excelência. Seja a melhor da sua classe, estude a Palavra de Deus, ore em todo tempo, manifeste o sobrenatural, tenha um coração ensinável, busque conhecimento para tudo o que fizer e saiba que, quando menos esperar, já estará cumprindo tudo que o Senhor prometeu para você.

Deus precisa encontrar em nós corações dispostos a obedecê-lO, pois estes, sim, serão usados por Ele, independentemente do quão talentosas, inteligentes e influentes sejamos. Afinal, o que o Senhor procura de verdade são corações disponíveis, sinceros e obedientes. Não tem a ver com a nossa capacidade, mas com a graça e o amor de Deus em querer nos incluir em Seus planos para alcançar as pessoas.

Lembre-se: ao exercer nosso chamado, sendo ele específico ou geral, sempre impactaremos as vidas que estiverem ao nosso redor. Por isso, não importa aonde você for, não esqueça do principal: a sua ousadia e obediência irão trazer o Céu para a Terra.

Anotações

Pai, eu peço, pelo poder da Tua Palavra, que o Senhor me dê paixão para viver uma vida digna do chamado que me deste. Deus, capacita-me para viver o meu propósito de maneira excelente e sobrenatural. Que eu seja um reflexo de Jesus aqui na Terra e traga o Teu Reino por onde passar.

Em nome de Jesus,

Amém.

DIA 39
Como exercer seu chamado com ousadia

por Raypha Gonçalves

Leia: Atos 4.13 e Atos 4.29

Há alguns anos, quando nem imaginava o que iria viver com Deus, lembro que meu único desejo era estar na presença d'Ele. Eu estava vivendo "o primeiro amor" de novo, e nada mais importava. Comecei a servir em várias áreas da igreja e do movimento de jovens que frequentava. Eu não pensava se algum dia estaria nos palcos das conferências em que servia naquela época, eu só queria fazer parte de tudo o que Deus estava fazendo ali.

Hoje, eu entendo que já estava cumprindo o meu chamado com ousadia e excelência, e que colho os frutos do meu serviço durante aquele período. Ser ousada é ser corajosa diante do que Deus coloca em nossa frente, seja algo grande ou pequeno.

Muitas vezes, por causa do medo, não fazemos tudo o que podemos e deixamos de conquistar as vitórias que estavam ao nosso alcance. Ficamos paradas, só sonhando e desejando viver algo grande no futuro e, com isso, acabamos enterrando a chance de cumprir o nosso propósito, que estava bem em frente aos nossos olhos (Deuteronômio 31.6).

Viver nosso chamado com ousadia não é fazer as coisas com nossas próprias forças, mas dar os passos em direção à voz de Deus. Quando olho para a vida de Maria, mãe de Jesus, vejo alguém que cumpriu com ousadia e excelência um dos chama-

dos mais desafiadores que já houve aqui na Terra: criar o Filho de Deus. Muitos teólogos afirmam que ela estava no início da adolescência quando foi visitada por um anjo que a informou sobre o que iria acontecer. Por mais que, em sua cabeça, tudo aquilo não fizesse muito sentido, ela logo respondeu: "Aqui está a serva do Senhor; que aconteça comigo o que você falou" (Lucas 1.38).

A ousadia de Maria nos encoraja a dizer "sim" para cumprir nosso chamado da melhor forma, não importando as circunstâncias ao nosso redor. Ela era uma jovem que, aos olhos humanos, não tinha condições financeiras nem maturidade para fazer aquilo que lhe havia sido proposto. Mesmo assim, Maria foi até o fim; ela acreditou na palavra de Deus e acompanhou Jesus até o dia em que Ele morreu e depois, quando ressuscitou.

Assim como Maria, que foi corajosa, a Palavra nos mostra que, por meio de Cristo Jesus: "Temos ousadia e acesso com confiança, mediante a fé nele" (Efésios 3.12), e podemos viver nosso chamado de maneira semelhante.

Anotações

Senhor, enche-me de ousadia para que eu possa cumprir meu chamado aqui na Terra sem medo. Peço que me ajudes a ser mais excelente em tudo o que faço, e também me dê paixão para cumprir o propósito que Tu designaste para mim. Mostra-me todos os dias como posso ser mais eficaz em tudo o que faço, não apenas nas coisas básicas, mas correndo a milha extra para realmente causar um impacto na vida das pessoas.

Em nome de Jesus,

Amém.

DIA 40
Chamado a longo prazo

por Rapha Gonçalves

Leia: Mateus 25.14-30

Em Mateus, capítulo 25, Jesus conta que um homem, ao sair de viagem, chamou os seus servos, e para um deles deu cinco talentos; para o outro, dois; e para o último, somente um. O servo que tinha cinco investiu os seus talentos e os multiplicou, voltando com o dobro. O que tinha dois fez o mesmo e retornou com mais dois. No entanto, o que tinha um talento voltou com a mesma quantia. Esse que recebeu apenas um, com medo de seu mestre, por enxergá-lo como um homem mau, permitiu-se paralisar e não fazer nada. Os outros servos, entretanto, não tiveram medo de arriscar, porque conseguiram perceber e antecipar a alegria que aquilo traria para o seu mestre. Por isso, deram bons frutos.

Sempre que penso em como exercer um chamado, algo que realmente vai causar um impacto duradouro na Terra, eu me dou conta de que só será possível se soubermos verdadeiramente de Quem somos filhas. Se tivermos uma visão errada do nosso Pai, podemos colocar tudo a perder. Em meio à nossa caminhada, é certo que iremos cometer erros, mas, nesse percurso de cumprir nosso propósito na Terra, a chave é o nosso coração. Para que possamos nos manter no caminho certo, sem nos ofender com qualquer coisa e perder a visão, temos de guardar o nosso coração, "porque dele procedem as fontes da vida" (Provérbios 4.23b).

Quando olho para a vida de Davi, vejo uma pessoa que, assim como nós, cometeu pecados. Mas, mesmo assim, Deus o chamou de "homem segundo o Seu coração". E você sabe por quê? A essência de Davi era cumprir a vontade de Deus. Apesar de ter sido impulsivo e cometido muitos erros, ele foi capaz de se arrepender verdadeiramente, e não voltar mais atrás. Ele não se ofendeu com as punições que seus erros trouxeram, mas usou disso para ir mais longe. E podemos dizer que, desde a Antiguidade até os dias de hoje, nenhum rei jamais superou Davi. Ele conseguiu ir até o fim sendo fiel, pois conhecia seu Senhor de verdade e, mesmo quando estava errado, não tinha medo de se aproximar e se colocar diante de Deus.

Acima de tudo, o Senhor Se preocupa com o nosso coração. Ele está interessado em saber quem somos quando ninguém está vendo. Muitos heróis na fé, pessoas que viram milhares serem salvos, milagres sobrenaturais e um avivamento genuíno aqui na Terra, não terminaram bem suas caminhadas. E o que adianta cumprir e fazer tudo isso, se, no fim, nosso coração não estiver queimando mais por Jesus? Nosso amor por Ele nunca deve diminuir, não importa o que já vivemos até aqui, sempre existe mais da parte d'Ele.

Anotações

Pai, peço uma revelação maior de quem Tu és. Eu não quero mais viver com medo, mas desejo andar com o entendimento do Teu grandioso amor por mim. Mostra-me como posso alegrar o Senhor enquanto cumpro meu chamado, sendo fiel todos os dias. Dá-me um coração segundo o Teu, e ensina-me a ser constante em Teus caminhos para continuar queimando com esse amor por Ti até o final da minha vida.

Em nome de Jesus,

Amém.

Notas

[1] Para entender melhor sobre os dons, leia 1 Coríntios 12 e 1 Coríntios 13.2.

[2] SEVERA, Zacarias de Aguiar. **Manual de teologia sistemática.** Curitiba: AD Santos, 2014, pp. 272.
CARA, Robert. Artigo: **Cuidado com o significado oculto da raiz de uma palavra**. Tradução: Alan Cristie. Publicado por Ministério Fiel em 31/07/2014. Disponível em *https://ministeriofiel.com.br/artigos/cuidado-com-o-significado-oculto-da-raiz-de-uma-palavra/*. Acesso em agosto de 2020.

[3] NUNES, Eduardo. **Avivamento sustentável.** São Paulo: Quatro Ventos, 2018, pp. 87.

Considerações Finais

Estes foram 40 dias marcados por mais profundidade no relacionamento com Deus, e foi incrível ter tido você conosco neste tempo. Lembre-se: simplificar o secreto nunca foi a respeito de "fórmulas mágicas" para tornar as coisas mais fáceis, mas, sim, sobre entender que esses momentos com Deus são leves, transformadores e instigantes.

Ser íntimo do Senhor é conhecê-lO e aprender a se relacionar com Ele — Deus Pai, Deus Filho e Deus Espírito Santo. Ficamos felizes por tantas coisas que você deve ter descoberto nesta temporada, que é só o começo de uma grande jornada cheia de surpresas, e por podermos ter feito parte disso com você.

Amar a presença de Deus, a oração e a Palavra, e decidir se aprofundar nessa caminhada com Ele, é uma entrega de amor diária, que só pode acontecer de verdade quando somos perseverantes e constantes. É quando nos posicionamos, mesmo quando não existem aplausos, mesmo quando não iremos ministrar em lugar nenhum e precisamos de uma "unção fresca", mesmo quando ninguém está nos assistindo, que podemos ver as mudanças nos esperando. A vida com Deus exige constância, entrega e sinceridade. Não permita que nada a afaste desse relacionamento tão precioso que você começou a construir ou aprofundou nestes dias, porque, no final, isso não diz respeito ao quanto você orou pelas pessoas, pregou ou fez o bem, mas ao quão íntima de Deus você está. Todas essas coisas são, sim, importantes, mas nunca poderão ocupar o lugar do Senhor em nossos corações.

A leitura dos 40 dias se encerrou, mas a sua jornada com Deus não acaba por aqui, você já sabe o que fazer. Acredite: você já está pronta! Simplesmente vá!

Este livro foi produzido em Latienne Pro 12 e impresso
pela Gráfica Santa Marta sobre papel pólen natural 70g
para a Editora Quatro Ventos em março de 2025.